LOW
FAT!

Mit Genuß zum Wunschgewicht

LOW FAT!

Mit Genuß zum Wunschgewicht

Vorwort

Hilfe, warum werde ich dick? Auf der Suche nach dieser Antwort sollten Sie sich zunächst mit dem Stoffwechsel, Ihrem Ernährungsverhalten und mit den Inhaltsstoffen der Nahrungsmittel beschäftigen und diese gewonnenen Kenntnisse dann in Ihre Ernährung einbauen.

Eine pauschale Aussage wie »Die Deutschen essen zu viel, zu fett und zu süß« ist eine wichtige Wahrheit, aber leider nicht die einzige Ursache für Übergewicht. Jeder Stoffwechsel reagiert individuell verschieden und auch ein erlerntes, falsches Diätverhalten kann durchaus einen unheilvollen Mechanismus aus Hungern und aus unkontrollierten Eßanfällen in Bewegung setzen, unter dem manche Menschen ihr ganzes Leben lang leiden. Die bei uns stetig fortschreitende Überernährung basiert auf dem Mißverständnis von Bewegungsarmut und falschen Lebensmitteln. So findet man in natürlichen Nahrungsmitteln nur wenig Fett, keinen raffinierten Zucker und keinen Alkohol – ideale Bedingungen, um ein Übergewichtsproblem gar nicht erst entstehen zu lassen. Wollen Sie das eigene Gewichts-Rad zurückdrehen, sollten Sie Ihren Arzt nach eventuellen Stoffwechselproblemen befragen und Ihre Ernährung fettarm gestalten. Das ist der wichtigste Schritt, um auf eine gesunde Weise Gewicht zu verlieren und danach auch dauerhaft zu stabilisieren. Dieses Buch hilft, Ihre Auswahl der Nahrungsmittel zu ordnen. Es führt Sie an raffinierte fettarme Rezepte heran und zeigt, daß »gutes Essen« auch gut schmeckt.

Dr. Harald Fischer

Erfolg mit fettarmer Ernährung

BIS vor einigen Jahren noch plagte ich mich mit allen möglichen Diäten, um immer wieder mal ein paar Kilos los zu werden. Ich zählte Punkte und Kalorien, versuchte es mit Kartoffel-, Eier- oder Erdbeerkur und hatte zu Anfang auch immer Erfolg damit. Drei, vier und auch schon mal fünf Kilo verschwanden. Aber dann tat sich nichts mehr. Im Gegenteil! Sobald ich anfing, vom strengen Pfad der Enthaltsamkeit abzuweichen, schnellte der Zeiger der Waage in die Höhe, und ich nahm mehr zu, als ich zuvor abgenommen hatte. WAS war passiert? Mein Körper lernte schnell, mit immer weniger Nahrungsmitteln auszukommen und schaltete auf Sparflamme. Außerdem fürchtete er schon die nächste Hungerperiode und legte erst recht Fettdepots zur Reserve an.

VOR drei Jahren lernte ich dann Dr. Harald Fischer und seine Ernährungslehre kennen. Statt weiterer Hungerkuren und qualvollem Verzicht wurden mir zum ersten Mal die einfachen Zusammenhänge des menschlichen Stoffwechsels klar. Was braucht mein Körper wirklich und worauf kann er verzichten? Was macht tatsächlich dick, welche Nahrungsmittel begünstigen oder verhindern die Einlagerung von Körperfett? Ich beherzigte die Ernährungsregeln: weniger, sehr viel weniger Fett zu mir zu nehmen und mich mit Kohlenhydraten dreimal täglich richtig satt zu essen. Das war anfangs ungewohnt, denn durch den Diätstreß der vergangenen Jahre konnte ich es zunächst nicht glauben, daß ich ohne zu hungern und ohne zu leiden abnehmen würde. Aber es funktionierte! Langsam zwar, dafür jedoch um so dauerhafter. Ich schaffte es von Kleidergröße 46 auf 42 herunterzukommen.

DABEI war es gar nicht mehr so wichtig, wieviel die Waage anzeigte. Viel wichtiger war, daß sich allmählich mein Körper änderte. Mein Organismus baute Fett ab und gewann statt dessen – durch die kohlenhydratreiche Ernährung – Muskelmasse dazu. Das tägliche Wiegen sagt nur wenig darüber aus, wieviel man tatsächlich abgenommen hat. Durch hormon- oder wetterbedingte Wassereinlagerungen sind Schwankungen bis zu einem Kilo pro Tag normal. Um mich von diesem Streß zu befreien, beschloß ich, die Waage eine Zeitlang ganz zu verbannen. Statt dessen kramte ich ein Kleid hervor, das mir vor Jahren einmal gepaßt hatte. Von Woche zu Woche konnte ich mich freuen, daß der Reißverschluß ein bißchen weiter zuging, denn ich nahm genau dort ab, wo es notwendig war. Ein bißchen mehr Bewegung tat ein übriges, den Fettabbau zu beschleunigen und meine Muskeln wieder straff und fit zu machen. Dabei kommt es nicht auf sportliche Hochleistungen an: Ein flotter halbstündiger Spaziergang zwei- oder dreimal pro Woche, oder Schwimmen, oder Radfahren reicht völlig, um den Kreislauf in Schwung zu bringen.

DIESE vitale »Low Fat«- Methode ist mir zur Gewohnheit geworden, und ich ernähre mich auch heute noch danach. Dadurch kann ich mein neues Wohlfühl-Gewicht halten und fühle mich, da mein Körper alle Nährstoffe bekommt, die er braucht, topfit und gesund.

FÜR dieses Kochbuch habe ich meine schönsten Rezepte für eine gesunde Lebensweise zusammengetragen. Ich wünsche Ihnen viel Spaß beim Nachkochen und Genießen!

Welche Nährstoffe braucht der Körper?

Unser Körper gewinnt seine Energie in erster Linie aus Eiweiß, Kohlenhydraten und Fetten. Zusätzlich braucht er in geringen Mengen noch Vitamine, Mineralstoffe und Spurenelemente.

DIESE Nährstoffe werden in unterschiedlicher Weise vom Körper aufgenommen und verwertet. Dafür sorgt der Stoffwechsel. Denn alles, das wir zu uns nehmen, besteht zunächst einmal aus körperfremden Substanzen, die in körpereigene umgewandelt werden müssen, damit sie überhaupt genutzt werden können. Das heißt: Die Nährstoffe werden mit Hilfe unserer Verdauungssäfte und Enzyme in kleinste Einzelteile zerlegt. Erst dann können sie vom Blut aufgenommen und zu den Muskeln und Organen transportiert werden, wo sie gerade gebraucht werden. Auch für diese Vorgänge benötigt unser Körper Energie. Deswegen verbrennen wir auch Kalorien, wenn wir schlafen. Denn der »Ofen« Mensch ist immer in Betrieb. Mit unserer Ernährung sorgen wir nun dafür, daß diesem »Ofen« immer wieder neues Brennmaterial zugeführt wird.

BEKOMMT der Körper zu wenig Nährstoffe, reagiert er mit Hunger. Wer seinem Körper über längere Zeit, wie das bei vielen Reduktionsdiäten der Fall ist, Nährstoffe vorenthält, setzt seinen Organismus auf Sparflamme. Die Verbrennungsvorgänge funktionieren nicht mehr richtig, wir fühlen uns schlapp. Wo wichtige Nährstoffe fehlen, kann der Stoffwechsel nicht mehr richtig arbeiten.

SICH vital zu ernähren heißt, nicht nur lebenswichtige Vitamine und Mineralstoffe zu sich zu nehmen, sondern heißt auch, regelmäßig und ausreichend zu essen. Wir müssen unseren Körper mit genügend Brennmaterial versorgen, das er in vitale Energie umsetzen kann.

Kohlenhydrate

SIE sind die hauptsächliche Energiequelle für alle unsere Aktivitäten und sollen bei einer gesunden Ernährung das Hauptnahrungsmittel sein. Ob wir nun sitzen, uns bewegen oder denken, ohne Kohlenhydrate läuft nichts. Ohne sie kann unser Stoffwechsel nicht funktionieren: So kann zum Beispiel die Leber keine Fette aufspalten, können Vitamine und Spurenelemente nicht transportiert werden.

DIE zu unrecht verteufelten Kohlenhydrate können gar nicht dick machen, denn sie werden vom Körper schnell aufgenommen und nahezu restlos verbrannt.

KOMPLEXE Kohlenhydrate spielen dabei eine besonders wichtige Rolle. Sie sind enthalten in Getreideprodukten, Hülsenfrüchten und Gemüsen.

EINFACHE Kohlenhydrate hingegen finden wir in Früchten, Honig, Zuckerwaren und ausgemahlenen, weißen Mehlen. Sie werden rasch vom Körper aufgenommen, lassen den Blutzuckerspiegel hochschnellen und ebenso schnell wieder abfallen. Die zugeführte Energie verpufft und man bekommt schnell wieder Hunger.

NICHT so bei den komplexen Kohlenhydraten. Sie müssen mit Hilfe von Enzymen aufgespalten und zur Aufnahme aufbereitet werden. Dann aber werden sie zum Super-Kraftstoff für unseren Organismus. Zudem enthalten Lebensmittel aus komplexen Kohlenhydraten einen hohen Anteil an Ballaststoffen, die langanhaltend sättigen.

MIT einer Ernährungsweise, die zu 60 bis 65% aus Kohlenhydraten besteht, werden Sie kaum Hunger haben. Etwa 300 g reine Kohlenhydrate braucht der Körper pro Tag.

Fette

FETTE in unserer Nahrung sind geballte Energie. Sie liefern pro Gramm mehr als doppelt soviel Kalorien wie Kohlenhydrate oder Eiweiß. Der Körper braucht Fette. Aber eben weil sie so energiereich sind, brauchen wir sie nur in geringen Mengen.

EINE völlig fettfreie Ernährung hätte schlimme Mangelerscheinungen zur Folge. Zum Beispiel sind die Vitamine A, D, E und K nur in Fett löslich.

VOR allem benötigt der Körper die essentiellen oder mehrfach ungesättigten Fettsäuren. Das sind jene, die er nicht selbst herstellen kann. Sie halten zum Beispiel unsere Zellwände elastisch und sind wichtig für die Nerven und das Gehirn. Wichtigste Lieferanten für essentielle Fettsäuren sind kaltgepreßte Pflanzenöle und Fische.

GESÄTTIGTE Fettsäuren, wie sie hauptsächlich in Fleisch und Wurst vorkommen, spielen für eine vitale Ernährung eine untergeordnete Rolle.

IM Gegensatz zu den Kohlenhydraten, die unmittelbar in Energie umgewandelt werden, wird jedes Gramm Fett, das im Moment nicht gebraucht wird, gespeichert.

DURCHSCHNITTLICH nehmen wir täglich etwa 130 g Fett zu uns. Für einen gut funktionierenden Stoffwechsel braucht der Körper aber nicht mehr als 60 bis 80 g Fett pro Tag.

WENN Sie Ihre Gesamtfettmenge reduzieren und darauf achten, »gute« Fette, also die mit einem hohen Anteil an mehrfach ungesättigten Fettsäuren, zu sich zu nehmen, können Sie praktisch kein Fett mehr ansetzen und die alten Depots werden allmählich abgebaut.

Proteine

DIE Proteine oder das Eiweiß in unserer Nahrung sind der wichtigste Baustoff für unseren Körper. Es ist für Wachstum, Erhaltung und Reparatur von Zellen und Gewebe zuständig.

DANEBEN dient Eiweiß auch als Energiequelle: Wenn nicht genügend Kohlenhydrate oder Fette zur Verfügung gestellt werden, springt das Eiweiß ein. Andererseits wird ein Überschuß an Eiweiß von der Leber in Fett umgewandelt und dann auch wieder gespeichert.

ES gibt zehntausende unterschiedlicher Proteine, die während der Verdauung in Aminosäuren zerlegt werden. Unser Organismus setzt nun diese einzelnen Aminosäuren wieder so zusammen, wie er sie gerade braucht. Viele dieser erforderlichen Aminosäuren kann der Körper selbst herstellen. Neun jedoch müssen ihm mit der Nahrung zugeführt werden, das sind die lebensnotwendigen oder essentiellen Aminosäuren.

HAUPTSÄCHLICH finden wir hochwertiges Eiweiß in mageren Fleisch- und Fleischprodukten, in Fischen, Hülsenfrüchten, Milchprodukten, in Vollkorn und Nüssen.

DER tägliche Bedarf an Eiweiß bei Erwachsenen liegt bei etwa 60 g, wobei Kinder wegen ihres Wachstums und ältere Menschen zur Regeneration der Zellen 20 g Eiweiß mehr zu sich nehmen sollen.

Nährstoffbedarf von Erwachsenen

Männer

	Gesamtenergie	Kcal.	Nährstoff	pro Mahlzeit*
Kohlenhydrate	65%	1560	380 g	127 g
Eiweiss	10%	240	57 g	19 g
Fett	25%	600	64 g	22 g
Gesamt	100%	2400	502 g	167 g

* bei 3 Mahlzeiten

Frauen

	Gesamtenergie	Kcal.	Nährstoff	pro Mahlzeit*
Kohlenhydrate	65%	1300	317 g	106 g
Eiweiss	10%	200	48 g	16 g
Fett	25%	500	54 g	18 g
Gesamt	100%	2000	418 g	139 g

* bei 3 Mahlzeiten

AUS der Tabelle oben können Sie sehen, in welchem Verhältnis Kohlenhydrate, Eiweiß und Fett optimal zueinander stehen. Die Werte gelten für die normale und vitale Ernährung eines Erwachsenen. Wenn Sie abnehmen wollen, können Sie vorübergehend Ihren Fettverzehr auf etwa 10 g pro Mahlzeit einschränken.

IHRE Grundversorgung mit Kohlenhydraten pro Mahlzeit ist sichergestellt mit wahlweise: 100 g getrockneten Hülsenfrüchten, ungekochtem Reis oder Teigwaren, mit etwa 3 Vollkornbrötchen oder 400 g Kartoffeln. Dazu 200 g bis 300 g eines beliebigen Gemüses essen und 2–3mal wöchentlich mageres Fleisch oder Fisch. Bei einem abwechslungsreichen Menüplan nach diesen Grundsätzen kommen Sie spielend, ohne große Rechnerei, auf den empfohlenen Nahrungsbedarf.

Die Nahrungspyramide

DIE Nahrungspyramide zeigt Ihnen auf einen Blick , wie Ihre Ernährung aussehen soll. Das vielfältige Lebensmittelangebot ist in Gruppen eingeteilt. Alle Nahrungsmittel einer Gruppe ähneln sich in der Nährstoffzusammensetzung. FÜR die Praxis ist wichtig, in welchen Mengen Sie die jeweiligen Lebensmittel in Ihren täglichen Ernährungsplan einbauen. Von den Nahrungsmitteln im untersten, breitesten Teil der Pyramide können und sollen Sie viel essen! Etwa 65 % Ihrer Kalorienzufuhr soll aus den kohlenhydratreichen Teigwaren, Reis, Getreideprodukten, Hülsenfrüchten oder Kartoffeln bestehen.

AUCH die zweite Etage der Pyramide zeigt Lebensmittel, die ohne Bedenken verzehrt werden können - und zwar als

Ergänzung zur Grundernährung aus der unteren Stufe. Der Schwerpunkt liegt hier bei den Gemüsen, da sie im Gegensatz zu Obst einen höheren Anteil an komplexen Kohlenhydraten enthalten.

DIE nächste Stufe zeigt Lebensmittel, die Sie sparsam als Beilagen genießen können: mageres Fleisch und Fisch, fettarme Milchprodukte und Eier.

PFLANZENÖLE, Butter, Nüsse und Süßigkeiten in der Pyramidenspitze enthalten auch wichtige Nährstoffe, sollen aber nur in ganz geringen Mengen gegessen werden.

Dreimal täglich

DIE klassischen drei Mahlzeiten Frühstück, Mittagessen und Abendessen sind für unseren Organismus sinnvoll. Wenig Sinn hingegen macht es, seinem Körper alle zwei, drei Stunden kleine Häppchen zu verabreichen. Dafür ist er von seiner Natur her nicht programmiert. Ein Ofen, in den man in kurzen Zeitabständen immer wieder etwas hineinstopft, brennt auch nicht mehr gleichmäßig und wird verschlacken. Genauso ist es mit unserem Körper. Die Muskel- und Gewebezellen werden träge, wenn sie ständig zwischendurch mit Naschwerk und Snacks bombardiert werden. Die Folge ist, daß lebenswichtige Nährstoffe gar nicht mehr aufgenommen und verarbeitet werden. Sie werden entweder wieder ausgeschieden oder in Depots zwischengelagert. Der Stoffwechsel ist durcheinander, er ist überfordert und funktioniert nicht mehr richtig.

BESONDERS betroffen davon ist der Insulinstoffwechsel. Insulin ist ein Hormon, das die Nährstoffe zu den Muskelzellen transportiert und den Blutzuckerspiegel nach dem Essen senkt. Wird nun in kurzen Abständen immer wieder gegessen oder genascht, muß ständig Insulin produziert werden. Nach jahrelanger

ÖL, BUTTER, SÜSSES

MILCH, MILCHPRODUKTE (FETTARM)

FISCH UND MAGERES FLEISCH

GEMÜSE, SALAT

OBST

GETREIDE, VOLLREIS, TEIGWAREN, VOLLKORNBROT, HÜLSENFRÜCHTE, KARTOFFELN

Fehlernährung führt das dann dazu, daß die Muskelzellen insulinresistent werden, das heißt, sie nehmen keine oder nur noch wenige Nährstoffe auf. Und was noch viel schlimmer ist: Bei einem ständig hohen Insulinspiegel verwandeln sich die Fettzellen in Druckventile. Sie nehmen gierig Fett auf und geben es nicht mehr ab. Sich vital zu ernähren bedeutet also nicht nur, dem Körper alle lebenswichtigen Stoffe ausreichend zuzuführen, es bedeutet auch, das so zu tun, daß der Organismus diese Nährstoffe optimal verwerten kann.

Low Fat beginnt beim Einkauf

KAUFEN Sie nur fettarme Milchprodukte. Es gibt mittlerweile Magerjoghurt, -quark und Quarkzubereitungen, die nur 0,2%–0,3% Fett enthalten und hervorragend schmecken. Probieren Sie aus, welche Sie am liebsten mögen.

ETWAS schwieriger ist es, den Fettgehalt von Käse richtig einzuschätzen. Meist wird er mit Fett in der Trockenmasse (Fett. i. Tr.). angegeben. Manche Hersteller geben den Fettgehalt auch in absoluten Zahlen an, was verwirrend ist.

Fettgehalt im Käse

KÄSE*	MAGER UNTER 10%	VIERTELFETT 10% F. i. Tr.	HALBFETT 20% F. i. Tr.	DREIVIERTELFETT 30% F. i. Tr.	FETT 40% F. i. Tr.	VOLLFETT 45% F. i. Tr.	RAHMSTUFE 50% F. i. Tr.	DOPPELRAHMSTUFE 60–85% F. i. Tr.
Chester							32,2 g	
Emmentaler						29,7 g		
Parmesan			22,1 g					
Edamer						28,3 g		
Gouda				17,2 g	22,1 g	29,2 g		
Edelpilzkäse							29,8 g	
Brie							29,9 g	
Camembert				13,2 g		22,3 g		34,0 g
Harzer	0,7 g							
Limburger			8,6 g		19,7 g			
Romadur			9,2 g	13,7 g				
Doppelrahmkäse								31,5 g
Feta					16,0 g	18,8 g		
Körniger Frischk.			4,3 g					
Schichtkäse		2,4 g	5,0 g					
Speisequark	0,3 g		5,1 g		11,4 g			
Schmelzkäse					23,6 g			

* in 100 g enthaltene Fettmenge

MAGERES Fleisch oder Fisch sind 2–3mal pro Woche sehr empfehlenswert. Aber Vorsicht bei versteckten Fetten, besonders in Wurstwaren.

ANHAND der Tabelle können Sie vergleichen, wie unterschiedlich der Fettgehalt bei den verschiedenen Fleisch-, Wurst- und Fischsorten ist.

EMPFEHLENSWERT	VORSICHT
Kalbsfilet 1,4 % Fett	Kalbsbrust 6,3 % Fett
Rinderfilet 4,4 % Fett	Hochrippe 16,5 % Fett
Tatar 3,0 % Fett	Rinderhackfleisch 14 % Fett
Schweinefilet 2,5 % Fett	Schweineschulter 22,5 % Fett
Lammfilet 3,4 % Fett	Lammkeule 18 % Fett
Brathuhn 5,6 % Fett	Suppenhuhn 20,3 % Fett
Hühnerbrust 0,9 % Fett	Ente 17,2 % Fett
Putenbrust 1 % Fett	Gans 31 % Fett
Schinken, mager 2,9 % Fett	Bierschinken 19,2 % Fett
Geflügelwurst 4,8 % Fett	Salami 49,7 % Fett
Schellfisch 0,1 % Fett	Matjeshering 22,6 % Fett
Seelachs 0,8 % Fett	Lachs 13,6 % Fett
Bachforelle 2,7 % Fett	Räucherlachs 19,4 % Fett
Heilbutt 2,3 % Fett	Makrele 11,6 % Fett

Die ganze Woche fit

WENN Sie sich einen ungefähren Speiseplan für die ganze Woche machen, kommen Sie nicht in Versuchung, kurz vor Ladenschluß noch schnell irgend etwas zum Essen besorgen zu müssen. Solche »Blitzkäufe« lassen uns wieder in den alten Ernährungstrott zurückfallen.

GÜNSTIG ist es, einen Vorrat an kohlenhydratreichen Nahrungsmitteln wie Nudeln, Reis und Hülsenfrüchten zu haben. Mit ein paar zusätzlichen Zutaten, wie getrockneten Pilzen oder tiefgekühlten Kräutern, können Sie schnelle leckere Gerichte zaubern. Hartkäse, wie z.B. Parmesan, hält sich zwei Wochen im Kühlschrank. Jeweils 10 g davon, frisch gerieben, passen zu Reis, Nudeln und Gemüsen.

FLEISCH, Fisch, Gemüse und Obst sollten Sie natürlich am besten immer frisch kaufen.

EIN Tip: Planen Sie Ihre »Sünden« im voraus mit ein. Wenn Sie eingeladen sind oder mit Freunden ausgehen möchten, wird es nicht immer möglich sein, »Low Fat«-Gerichte zu bekommen. An solchen Tagen dann die übrigen Mahlzeiten besonders fettarm gestalten!

UND, was noch besonders wichtig ist: Jede Art von Bewegung fördert die Fettverbrennung! Wenigstens zweimal pro Woche ein kleines, halbstündiges Trainingsprogramm tut Wunder. Egal, ob Sie zum Schwimmen gehen, radfahren oder einfach nur flott in möglichst frischer Luft spazierengehen: Das mobilisiert das Fett aus den Zellen.

DABEI brauchen Sie kein schweißtreibendes Hochleistungsprogramm zu absolvieren. Sportmediziner haben herausgefunden, daß die Fettverbrennung bei mäßigem Training am besten funktioniert.

Tips zum Fettsparen

AM Anfang Ihrer Ernährungsumstellung ist es sehr wichtig, daß alle fetthaltigen Lebensmittel möglichst grammgenau, z. B. mit einer Briefwaage, abgewogen werden.

Eine Spürnase für Fett entwickeln

SETZEN Sie sich wie ein Detektiv auf die Spur von versteckten und unnötigen Fetten. Auf allen Lebensmittelpackungen ist der Fettgehalt pro 100 g angegeben. Sie werden sich wundern, wieviel Fett, von dem Sie gar nichts sehen, in manchen Lebensmitteln enthalten ist.

Lebensmittel austauschen

EINIGES an Fett läßt sich auch einsparen, wenn Sie fettreiche Produkte gegen fettärmere austauschen.
SCHLAGSAHNE (30 % Fett) für Saucen können Sie durch Kaffeesahne (10–15 % Fett) ersetzen.
ES muß auch nicht unbedingt Crème fraîche (30–50 % Fett) sein, 10 %-ige saure Sahne schmeckt fast ebenso gut.
WENN Sie Butter oder Margarine für Cremes und Aufstriche benötigen, können Sie auch Halbfettprodukte nehmen, die sich allerdings nicht zum Braten eignen.

Rezepte abspecken

DAMIT Sie Ihre eigenen Rezepte auf ihren Fettgehalt überprüfen können, sollten Sie sich eine gute Nährwert-Tabelle zulegen. Kommt bei Ihren Berechnungen eine zu hohe Fettbilanz heraus, können Sie die fettreichen Zutaten reduzieren oder durch fettärmere ersetzen. Wenn z. B. 250 g gemischtes Hackfleisch verwendet wird, wären das pro Portion schon 25 g Fett. Wenn Sie jedoch nur 150 g Rinderhackfleisch nehmen, liegt die Fettmenge bei 10,5 g.

Fettarm braten

BRATEN ohne oder mit nur ganz wenig Fett können Sie auf verschiedene Weise:
ALUFOLIE ganz dünn mit Öl einpinseln, das Bratgut fest einwickeln und im vorgeheizten Backofen garen.
GANZ ohne Fett geht es mit einem Bratschlauch.
ABER auch wenn Sie nur schnell mal in der Pfanne braten wollen, können Sie Fett sparen, indem Sie den Pfannenboden hauchdünn mit Öl einpinseln. Voraussetzung ist eine wirklich gute Pfanne, z. B. mit Titanbeschichtung, in ihr kann so gut wie nichts anbrennen.

Garen im Tontopf

HIER kommt der gute, alte Römertopf wieder zu Ehren. Er wird vorher 15 Min. gewässert und gibt beim Garen die Flüssigkeit wieder ab. Sie brauchen kein zusätzliches Fett.

Dämpfen

GANZ ohne Fett können Sie Gemüse, Fisch oder Geflügel in einem Dämpfeinsatz garen. Diese Methode ist gleichzeitig sehr vitaminschonend.

Grillen

PRINZIPIELL brauchen Sie kein zusätzliches Fett. Sie können aber wegen des Geschmacks Gewürze Ihrer Wahl mit 1 TL Öl verrühren und das Grillgut damit einpinseln.

10 g Fett sind enthalten in:

MILCH, MILCHPRODUKTE UND EIER:

2 l	Buttermilch
700 ml	Milch 1,5% Fett
300 ml	Milch 3,5% Fett
3,3 kg	Speisequark (Magerstufe)
300 g	Speisequark 20% Fett
700 g	Joghurt 1,5% Fett
300 g	Joghurt 3,5% Fett
100 g	saure Sahne 10% Fett
50 g	Schmand 24% Fett
30 ml	Schlagsahne 30% Fett
25 g	Crème fraîche 40% Fett
1,4 kg	Harzer Korbkäse
90 g	Romadur 20% Fett i.Tr.
60 g	Edamer 30% Fett i.Tr.
50 g	Mozzarella
50 g	Camembert 30% Fett i.Tr.
40 g	Parmesan 32% Fett i.Tr.
30 g	Emmentaler 45 % Fett i.Tr.
30 g	Gouda 45% Fett i.Tr.
30 g	Gorgonzola 50% Fett i.Tr.
30 g	Camembert 60% Fett i.Tr.
30 g	Frischkäse 60% Fett i.Tr.
1 1/2	Eier

FLEISCH UND WURSTWAREN:

1 kg	Putenbrust
1 kg	Hühnerbrust
200 g	Brathuhn
60 g	Ente
30 g	Gans
500 g	Rindfleisch, mager
250 g	Roastbeef
80 g	Tafelspitz
75 g	Rinderhackfleisch
500 g	Schweinefilet
200 g	Schweinekotelett
100 g	Kasseler
500 g	Kalbsfilet oder -schnitzel
500 g	Lammfleisch, mager
80 g	Lammkotelett
450 g	Kaninchen
330 g	Hasenfleisch, mager
850 g	Rehfleisch, mager
300 g	Hirschfleisch, mager
200 g	Fasan
200 g	Hähnchenbrust in Aspik
200 g	Corned beef (Truthahn)
200 g	Geflügeljagdwurst
140 g	Sülze
110 g	gekochter Schinken
100 g	Zunge
100 g	Bündner Fleisch
100 g	Lachsschinken
80 g	Bierschinken
50 g	Schwarzwälder Schinken
40 g	Putensalami
40 g	Frankfurter Würstchen
40 g	Leberkäse
30 g	Mortadella
30 g	Kalbsleberwurst
30 g	Mettwurst
30 g	Bratwurst
25 g	Salami
25 g	Teewurst
20 g	Landjäger
15 g	Schinkenspeck

FISCH:

1,7 kg	Kabeljau
1,5 kg	Seelachs
1,5 kg	Seeteufel
1,25 kg	Scholle
1,1 kg	Hecht

16

1 kg	Krabben
700 g	Seehecht
450 g	Heilbutt
300 g	Rotbarsch
300 g	Forelle
200 g	Wildlachs
170 g	Thunfisch
120 g	Zuchtlachs
80 g	Hering
50 g	Makrele
40 g	Aal

GETREIDE, TEIGWAREN, HÜLSENFRÜCHTE:

500 g	Reis
500 g	Hirse
400 g	Dinkel
260 g	Mais
150 g	Haferflocken
1 kg	Bandnudeln, ohne Ei
250 g	Eiernudeln
700 g	gelbe Erbsen
700 g	Bohnen
700 g	Linsen
300 g	Kichererbsen

NÜSSE:

20 g	Erdnüsse
20 g	Mandeln
20 g	Pistazien
15 g	Pinienkerne
15 g	Walnüsse

BROT, BACKWERK UND NASCHEREIEN:

600 g	Vollkornbrot
360 g	Leinsamenbrot
300 g	Sonnenblumenkernbrot
200 g	Buttertoast
30 g	Croissant
300 g	Obstkuchen aus Hefeteig
120 g	Dominosteine

75 g	Marmorkuchen
70 g	Hefekuchen mit Streusel
60 g	Spekulatius
50 g	Butterkekse
40 g	Sahnetorte
35 g	Waffeln mit Schokoladefüllung
160 g	Salzstangen
60 g	Müsliriegel
40 g	Marzipan
40 g	Nougat
30 g	Schokolade
25 g	Kartoffelchips
5	Rumkugeln

FERTIGPRODUKTE:

160 g	Helle Sauce
125 g	Rahmsauce
90 g	Remoulade extra leicht
80 g	Käsesauce
70 g	Pizza Salami
20 g	Sauce Bernaise
20 g	Sauce Hollandaise
20 g	Remoulade 50% Fett
1/3	Hamburger

FRÜHSTÜCK *

*

BEGINNEN Sie den Tag mit einer geballten Ladung Vitalität! Drei Scheiben dunkles Brot oder Vollkornbrötchen bringen Ihnen die Energie, die Sie den Vormittag über brauchen. Sie werden staunen: Der Hunger zwischendurch bleibt weg, denn Ihr Körper hat alles, was er braucht.

ABER Vorsicht mit versteckten Fetten. Wurst ist erlaubt, achten Sie jedoch beim Einkauf auf den Fettgehalt. Denn nirgendwo sonst versteckt sich so viel Fett wie in den handelsüblichen Wurstsorten. Schmackhafte Alternativen dazu sind Rinder- oder Geflügelwurst.

FETTE können sich auch in empfehlenswerten Nahrungsmitteln verstecken. So sind beispielsweise schon fertige Müslimischungen oft mit Nüssen oder Samen angereichert, was ihren Fettgehalt kräftig nach oben schnellen läßt.

Joghurt-Haferflocken mit Banane

FÜR 2 PERSONEN

150 g Magerjoghurt (0,3 % Fett)

6 EL feine Haferflocken (etwa 50 g)

1–2 EL Honig

1 Banane

ZUBEREITUNGSZEIT: 15 MIN.

Pro Person etwa:

7 g E/ 3 g F/ 42 g KH

245 kcal

preiswert • schnell

JOGHURT mit den Haferflocken und dem Honig nach Geschmack vermischen und 10 Min. durchziehen lassen. Zwei Drittel der Banane zerdrücken und untermischen. Mit den Scheiben der restlichen Banane dekorieren.

SIE können auch anderes Obst wie z.B. Aprikosen, Pfirsiche oder Erdbeeren daruntermischen.

DIESE Mischung aus Haferflocken und Banane bringt Ihnen bereits so viel an Kohlenhydraten, daß Sie zum Frühstück nur noch 1 Vollkornbrötchen zusätzlich brauchen.

Dickmilch mit Haferflocken

FÜR 2 PERSONEN

4 EL feine Haferflocken (etwa 30 g)

200 g Dickmilch

1–2 EL brauner Zucker oder Rübensirup

1 Apfel (ersatzweise Birne)

ZUBEREITUNGSZEIT: 15 MIN.

Pro Person etwa:

5 g E/ 3 g F/ 29 g KH

170 kcal

schnell • erfrischend

HAFERFLOCKEN in der Dickmilch 10 Min. quellen lassen und anschließend süßen. Mit 1/2 fein geraspeltem Apfel vermischen, den übrigen Apfel klein würfeln und unterheben.

NACH Geschmack und Jahreszeit können Sie beliebig anderes Obst für dieses Rezept verwenden. Vorsicht jedoch mit Kiwi und Ananas, denn sie enthalten ein Enzym, das sich nicht mit dem Eiweiß in Milchprodukten verträgt und einen bitteren Geschmack verursacht.

Trockenfrüchtemus

raffiniert • preiswert

Für 10 Portionen

200 g gemischte weiche Trockenfrüchte

100 ml Rotwein

2 EL Zitronensaft

1 TL geriebene Zitronenschale

je 1 Msp. gemahlener Zimt, gemahlene Nelken und Piment

Zubereitungszeit: 15 Min.
Quellzeit: 12 Std.

Pro Portion etwa:

0,2 g E/ 0,1 g F/ 5 g KH

30 kcal

Trockenfrüchte sehr heiß abspülen, in einem Sieb gut abtropfen lassen, trockentupfen und anschließend in kleine Stücke schneiden. Den Rotwein dazugießen und alles zugedeckt 12 Std. quellen lassen.

Danach Zitronensaft, Zitronenschale, Zimt, gemahlene Nelken und Piment hinzufügen. Das Ganze pürieren oder durch die feine Scheibe des Fleischwolfes drehen. Das Mus in ein heiß ausgespültes Schraubverschlußglas füllen. Gut verschlossen hält es sich bis zu 3 Wochen im Kühlschrank.

Dieses Mus können Sie auch aus nur einer Fruchtsorte, beispielsweise aus getrockneten und entsteinten Pflaumen, zubereiten. Oder aus getrockneten Aprikosen, die Sie dann aber besser in trockenem Weißwein ziehen lassen.

Das Trockenfrüchtemus schmeckt nicht nur gut als Brotaufstrich, sondern eignet sich auch zum Süßen von Joghurt oder Quark.

Curryquark

schnell • auch fürs kalte Buffet

FÜR 2 PERSONEN

1 Ei

1 EL Currypulver

1 TL Sesamöl

3 EL Milch

125 g Quarkzubereitung (0,2 % Fett)

3 Frühlingszwiebeln

1 EL Schnittlauchröllchen

Salz · Pfeffer

Zucker

ZUBEREITUNGSZEIT: 25 MIN.

Pro Person etwa:

13 g E/ 11 g F/ 5 g KH

175 kcal

DAS Ei in 7–8 Min. hart kochen, anschließend abschrecken. Currypulver im Sesamöl unter Rühren kurz anschwitzen, mit Milch ablöschen und unter den Quark rühren. Die Frühlingszwiebeln waschen, putzen und in kleine Würfel schneiden. Zusammen mit dem Schnittlauch unter den Quark mischen.

HARTGEKOCHTES Ei pellen und in Scheiben schneiden, 2 Scheiben zum Dekorieren beiseite legen, restliches Ei kleinhacken und unter den Curryquark mischen. Mit Salz, Pfeffer und Zucker abschmecken.

DER Quark schmeckt gut zum Frühstück aufs Brot, eignet sich aber auch als Dip für Rohkost und zu Pellkartoffeln.

Quark-Obatzter

FÜR 2 PERSONEN

50 g Camembert (30 % Fett i. Tr.)

2 EL Milch

100 g Quarkzubereitung (0,2 % Fett)

1 TL Paprika, rosenscharf · Salz · Pfeffer

1 kleine rote Paprikaschote (etwa 100 g)

1/2 kleine weiße Zwiebel

ZUBEREITUNGSZEIT: 15 MIN.

Pro Person etwa:

14 g E/ 4 g F/ 7 g KH

120 kcal

bayerischer Klassiker mit wenig Fett

DEN Camembert mit einer Gabel zerdrücken und mit Milch zu einer cremigen Masse rühren. Mit der Quarkzubereitung vermischen und mit Paprikapulver, Salz und Pfeffer abschmecken.

PAPRIKASCHOTE waschen, putzen, entkernen, in kleine Würfel schneiden und untermischen. Die Zwiebel in dünne Ringe schneiden, den Obatzten damit garnieren.

DIESER deftige Brotaufstrich schmeckt auch hervorragend zu Pellkartoffeln und paßt gut aufs kalte Buffet.

Kräuterknoblauch

FÜR 2 PERSONEN

1 EL Kapern · 1 kleine Gewürzgurke

1 EL feingehackte Petersilie

1 EL Schnittlauchröllchen

100 g körniger Frischkäse (20 % Fett i. Tr.)

1–2 Knoblauchzehen · Salz

ZUBEREITUNGSZEIT: 10 MIN.

Pro Person etwa:

7g E/ 5 g F/ 5 g KH

90 kcal

schnell • würzig

KAPERN und Gewürzgurke würfeln, mit den Kräutern unter den Frischkäse ziehen. Knoblauch schälen und dazudrücken. Alles vermischen und mit Salz abschmecken.

DER Kräuterknoblauch schmeckt fein zu frischem Vollkornbrot, ist aber auch eine köstliche Beilage zu Pellkartoffeln.

WENN Sie den Kräuterknoblauch mit etwas Magerjoghurt oder Milch verdünnen, bekommen Sie ein leckeres Dressing für Tomaten- oder Gurkensalat.

Lachs-Töpfchen

raffiniert • auch fürs kalte Buffet

FÜR 8 PORTIONEN

2 Wacholderbeeren

1 Lorbeerblatt

1 Stückchen unbehandelte Zitronenschale

2 Stengel Dill

125 g frisches Lachsfilet (möglichst Bio-Lachs)

1/2 TL unbehandelte abgeriebene Zitronenschale

2 EL Zitronensaft

50 g Halbfettbutter oder -margarine

Salz · Pfeffer

ZUBEREITUNGSZEIT: 45 MIN.

Pro Portion etwa:

3 g E/ 4 g F/ 0,5 g KH

50 kcal

ETWA 1/4 l Wasser mit den zerdrückten Wacholderbeeren, dem Lorbeerblatt, dem Stück Zitronenschale und den abgezupften Dillstengeln zum Kochen bringen. Dillspitzen hacken und beiseite stellen. Lachsfilet in den Sud geben und zugedeckt bei schwacher Hitze 15 Min. ziehen lassen.

LACHS etwas auskühlen lassen, in grobe Stücke zerpflücken und mit gehacktem Dill, abgeriebener Zitronenschale und -saft und 40 g Fett zu einer glatten Paste pürieren. Sollte das Püree zu dick sein, 1–2 EL Garflüssigkeit unterrühren.

FISCHMASSE mit Salz und Pfeffer abschmecken, in 2 kleine Gratinförmchen füllen und mit übriger, zerlassener Butter oder Margarine versiegeln.

DIE Lachstöpfchen halten sich gut zugedeckt 2-3 Tage im Kühlschrank und können auch als köstlicher Dip zu rohen Karotten- und Selleriestangen serviert werden.

EINE fettärmere und leichtere Variante erhalten Sie, wenn Sie das gegarte Lachsfilet mit 2 EL saurer Sahne, 2 EL Zitronensaft und 1 EL frisch geriebenem Meerrettich (oder 2 EL aus dem Glas) verrühren.

Putenstreichwurst

läßt sich auf Vorrat zubereiten

FÜR 20 PORTIONEN

1 Brötchen vom Vortag

350 g mageres Putenfleisch

1 Zwiebel

1 Bund Suppengrün

3 EL Pflanzenöl

2 EL trockener Sherry

Salz · Pfeffer

4 Gewürzmischungen nach Wahl

VORBEREITUNGSZEIT: 50 MIN.
BACKZEIT: 1 STD.

Pro Portion etwa:

4 g E/ 3 g F/ 3 g KH

60 kcal

BRÖTCHEN in Wasser einweichen. Putenfleisch von Sehnen und Fett befreien. Zwiebel schälen, in Ringe schneiden. Das Suppengrün putzen, waschen und mit dem Blitzhacker fein zerkleinern.

IN einer schweren Pfanne 2 EL Öl erhitzen, Fleisch und gehackte Zwiebel darin rasch anbraten, herausnehmen und beiseite stellen. In derselben Pfanne das restliche Öl erhitzen und das Gemüse darin anbraten. Mit Sherry ablöschen.

FLEISCH, Gemüse und Brötchen durch die feine Scheibe des Fleischwolfs drehen oder mit dem Blitzhacker fein zerkleinern. Die Masse sehr kräftig mit Salz und Pfeffer würzen. Den Backofen auf 200° vorheizen. Die Fleischmasse vierteln und je ein Viertel anders würzen, z.B. mit Kräutern der Provence, italienischer Kräutermischung, 1 Rosmarinzweig oder Sambal Oelek.

JEDE dieser Mischungen in heiß gespülte Gläschen (100 ml Inhalt) füllen und glatt streichen.

EINEN Bräter 3 cm hoch mit Wasser füllen, die offenen Gläschen hineinstellen und 1 Std. (Umluft 180°) garen. Danach die Gläser sofort mit Twist-off-Deckeln verschließen.

GUT verschlossen können Sie die Putenstreichwurst bis zu 3 Wochen im Kühlschrank aufbewahren.

SALATE [*]

*

BEI klassischen Salatsaucen geht man häufig sehr verschwenderisch mit dem Öl um. Wir haben Saucenrezepte für Sie ausprobiert, die ganz ohne oder nur mit wenig Fett auskommen. Dafür aber dürfen es wirklich gute Öle sein: etwa feines Olivenöl »extra vergine«, würzig duftendes Walnußöl oder mit Chilischoten und Kräutern angereicherte Öle.

»SAUER macht lustig« und der richtige Essig bringt den pikanten Geschmack. Aceto Balsamico (Balsamessig), Himbeeressig, ein guter Rot- oder Weißweinessig sollten in Ihrer Salatküche nicht fehlen.

DIE Salatsaucen können Sie entweder mit einem Schneebesen gut verschlagen, oder Sie mixen die Zutaten in einem Schüttelbecher. Dabei immer zuerst alle Gewürze mit dem Essig mischen, dann das Öl kräftig einrühren, bis die Sauce leicht cremig ist. Damit die Sauce nicht verwässert, muß der geputzte Salat gut trocken sein. Am besten gelingt Ihnen das mit einer Salatschleuder.

Rote-Bete-Rohkost

scharf • preiswert

FÜR 2 PERSONEN

1 mittelgroße rote Bete (etwa 250 g)

1 säuerlicher Apfel

1 kleine rote Zwiebel

1 EL Walnüsse

Für die Sauce:

100 g Magerjoghurt (0,3 % Fett)

1 EL scharfer Senf

1 EL Meerrettich (aus dem Glas)

1 EL Rotweinessig

1 EL Rüben- oder Ahornsirup

Salz · Pfeffer

2 EL Schnittlauchröllchen

ZUBEREITUNGSZEIT: 25 MIN.
KÜHLZEIT: 30 MIN.

Pro Person etwa:

5 g E/ 8 g F/ 28 g KH

210 kcal

ROTE Bete schälen und auf einer Gemüsereibe fein raspeln. Am besten ziehen Sie dazu Gummihandschuhe an, da der rote Saft hartnäckig an den Händen haftet. Den Apfel schälen und fein raspeln. Die Zwiebel schälen und in feine Würfel schneiden. Walnüsse grob hacken. Alle vorbereiteten Zutaten in einer Schüssel gut vermischen, zugedeckt für mindestens 30 Min. in den Kühlschrank stellen.

FÜR die Sauce Joghurt, Senf, Meerrettich, Essig, Sirup, Salz und Pfeffer gut verrühren und kühl stellen.

KURZ vor dem Servieren den Saft, der aus der roten Bete ausgetreten ist, abgießen. Rohkost dekorativ auf Tellern anrichten, die Sauce rundherum angießen und mit Schnittlauchröllchen bestreuen.

WENN Sie zur Rohkost 2 Scheiben frisches Roggenbrot oder Pellkartoffeln reichen, wird daraus eine leichte Hauptmahlzeit.

Staudenselleriesalat

FÜR 2 PERSONEN

3–4 Stangen Staudensellerie

1 kleine Orange · 100 g Quarkzubereitung (0,2 % Fett)

1 EL geriebener Meerrettich (frisch oder aus dem Glas)

Salz · Pfeffer

1 EL Sonnenblumenkerne

ZUBEREITUNGSZEIT: 20 MIN.

Pro Person etwa:

11 g E/ 5 g F/ 10 g KH

140 kcal

STAUDENSELLERIE putzen, waschen und in dünne Scheiben schneiden. Das zarte Blattgrün beiseite legen. Die Orange quer halbieren. Aus der einen Hälfte Saft pressen, die andere Hälfte dick abschälen, so daß keine weiße Haut übrigbleibt, und die Filets auslösen.

QUARK mit Meerrettich glatt rühren, Orangensaft und -filets dazugeben. Mit Salz und Pfeffer abschmecken. Sonnenblumenkerne in einer Pfanne ohne Fett anrösten. Sellerie auf 2 Tellern anrichten, die Meerrettich-Orangen-Creme daraufgeben, mit Sonnenblumenkernen bestreuen und mit Selleriegrün garnieren.

Krautsalat

FÜR 2 PERSONEN

Salz · 300 g Weißkohl

1/8 l Weißweinessig

1 TL Kümmel · 1 Knoblauchzehe

Pfeffer · 1/2 TL Zucker

ZUBEREITUNGSZEIT: 15 MIN.

Pro Person etwa:

3 g E/ 1 g F/ 8 g KH

60 kcal

IN einem großen Topf reichlich Salzwasser zum Kochen bringen. Den Weißkohl putzen, waschen und in feine Streifen schneiden und 1–2 Min. kochen lassen, so daß der Kohl noch knackig bleibt. Durch ein Sieb abschütten und gut abtropfen lassen.

ESSIG mit gehacktem Kümmel, geschälter und zerdrückter Knoblauchzehe, Salz, Pfeffer und Zucker gut verrühren. Den noch heißen Weißkohl dazugeben, gut vermengen und durchziehen lassen. Vor dem Servieren abschmecken.

Zucchini mit Kräutercreme

raffiniert • würzig

FÜR 2 PERSONEN

1 Zucchino (etwa 200 g)

2 EL Zitronensaft

2 TL Walnußöl

Pfeffer aus der Mühle

2 EL gehackte Walnüsse

1 Kästchen Gartenkresse

Für die Sauce:

1 Tomate

1 Schalotte

1 Stück Möhre (etwa 50 g)

2 EL gehackte Petersilie

150 g Magerjoghurt

Salz

Zucchini- oder Kapuzinerkresseblüten

zum Dekorieren

ZUBEREITUNGSZEIT: 30 MIN.

Pro Person etwa:

3 g E/ 9 g F/ 4 g KH

110 kcal

ZUCCHINO waschen, abtrocknen und in hauchdünne Scheiben schneiden oder hobeln. Auf 2 Tellern blütenförmig anrichten, mit Zitronensaft beträufeln und mit Walnußöl dünn bestreichen. Das Ganze kräftig pfeffern und mit Walnüssen bestreuen. Die Kresse abspülen, abschneiden und die Blättchen darüber verteilen. Zucchinischeiben 10–15 Min. ziehen lassen.

IN der Zwischenzeit für die Sauce die Tomate überbrühen, häuten, entkernen und in feine Würfel schneiden. Schalotte und Möhre schälen und in sehr kleine Würfel schneiden. Alles mit der Petersilie unter den Joghurt mischen, mit Salz und Pfeffer abschmecken. Die Sauce auf den Zucchinischeiben verteilen und die Blüten zur Dekoration in die Mitte setzen.

FÜR die Sauce können Sie statt Schalotte und Möhre auch anderes Gemüse nehmen, z. B. ein Stückchen Knollensellerie oder eine Frühlingszwiebel. Oder Sie nehmen Schnittlauchröllchen anstelle von Petersilie.

Carpaccio von Gemüse

festlich • etwas aufwendiger

FÜR 2 PERSONEN

Salz

1 kleiner Kohlrabi (etwa 150 g)

1 große Möhre

100 g Zuckerschoten (ersatzweise Bohnen)

Pfeffer

1 Prise Zucker

3 EL Weißweinessig

1 EL Traubenkernöl

1 EL gehackte Basilikumblätter

1 EL Schnittlauchröllchen

1 Stengel Dill

ZUBEREITUNGSZEIT: 45 MIN.

Pro Person etwa:

4 g E/ 8 g F/ 8 g KH

120 kcal

IN einem großen Topf reichlich Salzwasser zum Kochen bringen. Den Kohlrabi schälen und darin 20 Min. zugedeckt köcheln, dann die geschälte Möhre dazugeben. Nach weiteren 10 Min. sollte das Gemüse bißfest sein. Herausnehmen, sofort kalt abschrecken und auskühlen lassen. Die Zuckerschoten putzen, 5 Min. im heißen Wasser ziehen lassen, herausheben und in einem Sieb eiskalt abschrecken.

FÜR die Vinaigrette Salz, Pfeffer, Zucker und Essig verrühren. Mit einem Schneebesen das Öl unterschlagen. Basilikum und Schnittlauch hinzufügen.

KOHLRABI und Möhre in hauchdünne Scheiben schneiden, das geht am besten mit einer Aufschnittmaschine. Die Gemüseanschnitte fein würfeln und unter die Vinaigrette mischen.

GEMÜSESCHEIBEN und Zuckerschoten auf 2 Tellern dekorativ anrichten, mit Vinaigrette bestreichen und mit Dillspitzen dekorieren.

SIE können natürlich je nach Jahreszeit und Geschmack auch andere Gemüsekombinationen verwenden, z. B. rote Bete mit weißem Spargel und Keniabohnen oder Sellerie, Zucchini und grünen Spargel.

Erdbeersalat mit Brunnenkresse

erfrischend • raffiniert

FÜR 2 PERSONEN

250 g Erdbeeren

100 g Sojabohnensprossen

1 Bund Brunnenkresse (etwa 25 g)

1 TL brauner Zucker · 3 EL Weißweinessig

Salz · Pfeffer

1 EL Traubenkernöl

ZUBEREITUNGSZEIT: 30 MIN.

Pro Person etwa:

4 g E/ 8 g F/ 10 g KH

135 kcal

ERDBEEREN waschen und die Stielansätze entfernen, Beeren in Scheiben schneiden. Sojasprossen grob hacken. Kresse waschen, die Blätter von den Stielen zupfen und streifig schneiden.

DEN Zucker im Essig unter Rühren auflösen, mit Salz und Pfeffer würzen und das Öl mit einem Schneebesen kräftig unterschlagen.

ALLE Zutaten gut miteinander vermischen und 15 Min. im Kühlschrank ziehen lassen.

Frühlingssalat

knackig • schnell

FÜR 2 PERSONEN

300 g Erbsenschoten oder 100 g tiefgekühlte Erbsen

100 g Zuckerschoten

250 g grüner Spargel · Salz

3 EL Kräuteressig · 1 Prise Zucker

Pfeffer · 5 gehackte Minzeblätter

1 EL kaltgepreßtes Olivenöl

ZUBEREITUNGSZEIT: 20 MIN.

Pro Person etwa:

8 g E/ 8 g F/ 14 g KH

165 kcal

FRISCHE Erbsen auspalen. Zuckerschoten waschen, putzen, in 2 cm lange Streifen schneiden. Vom Spargel nur das untere Drittel schälen, in 2 cm lange Stücke schneiden.

SPARGEL in Salzwasser 30 Sek. blanchieren, dann für weitere 30 Sek. frische oder tiefgekühlte Erbsen und Zuckerschoten dazugeben. Gemüse abgießen, kalt abschrecken und gut abtropfen lassen.

AUS Essig, Zucker, Salz, Pfeffer, Minze und Öl eine Marinade rühren und unter das Gemüse mischen.

Fenchelsalat mit Lachs

erfrischend • scharf

FÜR 2 PERSONEN

1 Fenchelknolle (etwa 200 g)

Saft von 1/2 Zitrone

1 EL geriebener Meerrettich (frisch

oder aus dem Glas)

Salz · Pfeffer

1 EL kaltgepreßtes Olivenöl

1 Orange

50 g Räucherlachs

2 TL saure Sahne

ZUBEREITUNGSZEIT: 30 MIN.

Pro Person etwa:

9 g E/ 10 g F/ 10 g KH

175 kcal

FENCHELKNOLLE waschen, putzen und in Blätter teilen. Äußere Blätter fein abschälen und alles in dünne Scheiben oder Streifen schneiden. Das zarte Fenchelgrün zum Dekorieren aufheben.

FÜR die Marinade in einer Schüssel Zitronensaft, Meerrettich, Salz, Pfeffer und Olivenöl kräftig glatt rühren.

ORANGE dick abschälen, so daß die weiße Haut völlig entfernt ist. Mit einem spitzen Messer die Orangenfilets auslösen, dabei den austretenden Saft in die Schüssel mit der Marinade tropfen lassen.

FENCHEL und Orangenfilets in die Marinade geben und 15 Min. durchziehen lassen.

LACHS in breite Streifen schneiden, zum Salat geben. Saure Sahne darauf verteilen, mit Fenchelgrün dekorieren. Den Salat sofort servieren.

Süß-scharfes Dressing

FÜR 2 PERSONEN

2 EL Zitronensaft · 1 EL Honig

1 Schalotte · 1/2 Peperoni

1 TL kaltgepreßtes Olivenöl

1 Msp. Paprika, rosenscharf · Salz

ZUBEREITUNGSZEIT: 10 MIN.

Pro Person etwa:

0,3 g E/ 3 g F/ 9 g KH

65 kcal

raffiniert • schnell

ZITRONENSAFT mit Honig gut verrühren. Schalotte schälen und fein hacken. Peperoni putzen und waschen, in winzige Würfel schneiden, untermischen. Zum Schluß das Öl hinzufügen und die Sauce kräftig mit dem Schneebesen schlagen, mit Paprikapulver und Salz abschmecken.

DAS Dressing eignet sich besonders gut für Radicchio- und Chicoréesalate.

Balsamicosauce

FÜR 2 PERSONEN

4 EL Aceto Balsamico (Balsamessig)

1 Schalotte · 1 Knoblauchzehe

1 TL Tomatenmark · 1 Prise Zucker

Salz · Pfeffer

1 TL kaltgepreßtes Olivenöl

5 Basilikumblätter

ZUBEREITUNGSZEIT: 10 MIN.

Pro Person etwa:

1 g E/ 3 g F/ 2 g KH

40 kcal

würzig • erfrischend

ESSIG mit feingehackter Schalotte, zerdrückter Knoblauchzehe und allen Gewürzen gut verrühren. Zum Schluß das Olivenöl mit dem Schneebesen kräftig darunterschlagen. Basilikumblätter falls nötig waschen, in feine Streifen schneiden und untermischen.

DIESE Marinade paßt besonders gut zu Tomatensalat, aber auch zu gemischten Salaten mit Paprika, Fenchel oder Zucchini.

Buttermilchdressing

erfrischend • preiswert

FÜR 2 PERSONEN

1 Knoblauchzehe · Salz

100 ml Buttermilch

50 g körniger Frischkäse (20 % Fett i.Tr.)

1/2 TL Paprika, rosenscharf oder edelsüß

2 EL Schnittlauchröllchen oder gehackter Dill

Pfeffer · 1–2 TL Zitronensaft

ZUBEREITUNGSZEIT: 5 MIN.

Pro Person etwa:

5 g E/ 2 g F/ 5 g KH

60 kcal

KNOBLAUCHZEHE schälen, durchpressen und mit etwas Salz glatt rühren. Mit Buttermilch, Frischkäse, Paprikapulver und Kräutern vermengen. Mit Pfeffer und Zitronensaft kräftig abschmecken.

DIESE Sauce paßt besonders gut zu Blattsalaten und zu Chicorée.

Senf-Marinade

schnell • scharf

FÜR 2 PERSONEN

60 ml Weißweinessig

1 EL scharfer Senf · Salz · Pfeffer

1 TL Walnußöl

1 Kästchen Gartenkresse

ZUBEREITUNGSZEIT: 5 MIN.

Pro Person etwa:

1 g E/ 3 g F/ 0,7 g KH

40 kcal

ESSIG mit Senf, Salz und Pfeffer gut verrühren. Das Walnußöl mit einem Schneebesen unterschlagen. Die Kresse abspülen, abschneiden und unterheben.

PASST zu allen Blattsalaten, zu Tomaten und grünem Spargel.

SUPPEN UND VORSPEISEN[*]

*

GEBUNDENE Gemüsesuppen lassen sich schnell und einfach zubereiten, immer wieder anders würzen, und sie sind prima Sattmacher. Um Fett einzusparen, sollten Sie aber statt Schlagsahne oder Crème fraîche immer saure Sahne verwenden. Diese vorsichtig einrühren und die Suppe dann nicht mehr kochen lassen.

NAHEZU alle Gemüsesorten können problemlos püriert werden und ergeben zusammen mit ein bis zwei Vollkornbrötchen auch mal eine schnelle Suppen-Hauptmahlzeit.

DIE meisten Vorspeisen sind so berechnet, daß sie ohne weiteres mit einem fettarmen Hauptgericht kombiniert werden können und Sie dann immer noch nicht mehr als die empfohlenen 20 Gramm Fett pro Mahlzeit zu sich nehmen.

IN entsprechend großer Menge können Sie einige dieser Vorspeisen auch sehr gut für ein kaltes Buffet zubereiten.

Gemüsebrühe

für den Vorrat

FÜR ETWA 2 1/2 LITER

3 Stengel Staudensellerie

250 g Möhren

1 Tomate · 3 Zwiebeln

6 Knoblauchzehen

1 frische rote Peperoni

1/2 Bund Petersilie

20 schwarze Pfefferkörner

1 TL getrockneter Thymian

1 TL getrockneter Majoran

3 Wacholderbeeren

2 Lorbeerblätter

Zusätzlich wahlweise:

350 g Broccoli oder

1–2 dünne Stangen Lauch oder

1/2 Blumenkohl

ZUBEREITUNGSZEIT: 1 STD. 40 MIN.

Pro 1/4 l etwa:

2 g E/ 0,5 g F/ 6 g KH

40 kcal

ALLE Gemüse waschen, putzen und mit dem Messer oder in der Küchenmaschine grob hacken. Mit der gewaschenen Petersilie und sämtlichen Gewürzen in einen großen Topf geben und mit etwa 2 1/2 l Wasser aufgießen, so daß das Gemüse gut bedeckt ist. Aufkochen lassen, einmal umrühren und zugedeckt bei schwacher Hitze 1 Std. ohne umzurühren leicht köcheln lassen.

BRÜHE durch ein Sieb in einen anderen Topf gießen und das Gemüse mit der Rückseite einer Schöpfkelle oder einem Stößel gut auspressen, aber nicht passieren. Das ausgekochte Gemüse wegwerfen.

DIE Gemüsebrühe als Basis für Suppen zugedeckt im Kühlschrank aufbewahren, dort hält sie sich gut 1 Woche. Oder die Brühe portionsweise einfrieren.

WENN Sie keine Schärfe mögen, lassen Sie die Peperoni einfach weg. Je nach Jahreszeit können Sie noch andere Gemüse mitkochen, z. B. Schwarzwurzeln, Petersilienwurzel, 1 Stück Weißkohl, grüne Bohnen oder etwas Fenchel.

Kartoffel-Fenchel-Suppe

raffiniert • für Gäste

FÜR 2 PERSONEN

300 g mehligkochende Kartoffeln

1 TL Senfkörner

1 kleine Fenchelknolle · 2 EL gehackter Dill

100 g kleine, gegarte und geschälte Garnelen

2 EL saure Sahne · 1 EL scharfer Senf

Salz · Pfeffer

ZUBEREITUNGSZEIT: 30 MIN.

Pro Person etwa:

14 g E/ 6 g F/ 30 g KH

230 kcal

KARTOFFELN schälen, waschen und in 1 cm große Würfel schneiden. In 1/2 l Wasser mit den Senfkörnern zugedeckt 10 Min. kochen, bis sie beinahe weich sind. Den Fenchel waschen, putzen und in feine Streifen schneiden, zu den Kartoffeln geben und zusammen noch 5 Min. zugedeckt köcheln lassen.

DILL und Garnelen hinzufügen, weitere 3 Min. bei schwacher Hitze offen garen. Saure Sahne mit Senf vermischen, unter die Suppe rühren. Mit Salz und Pfeffer abschmecken.

Maiscreme

preiswert • geht schnell

FÜR 2 PERSONEN

1 kleine Dose Mais (285 g Inhalt)

1 Briefchen Safran · 1/2 l Gemüsebrühe

2 Schalotten · 1 TL Sesamöl

Salz · Pfeffer · 1 TL Kartoffelmehl

2 EL Schnittlauchröllchen

ZUBEREITUNGSZEIT: 20 MIN.

Pro Person etwa:

10 g E/ 11 g F/ 70 g KH

415 kcal

MAISKÖRNER abtropfen lassen, 2–3 EL davon abnehmen und beiseite stellen. Übrigen Mais mit dem Safran in die Brühe geben, etwa 5 Min. kochen lassen, bis er sehr weich ist.

SCHALOTTEN schälen, sehr fein hacken und im Sesamöl goldgelb rösten.

SUPPE fein pürieren. Mit Salz und Pfeffer abschmecken. Kartoffelmehl mit etwas Wasser verquirlen, in die Suppe rühren.

MAISCREME mit gerösteten Schalotten und Schnittlauchröllchen bestreuen.

Curry-Kürbis-Suppe

exotisch • scharf

FÜR 2 PERSONEN

500–600 g orangefleischiger Kürbis

1 mittelgroße Zwiebel

1 Knoblauchzehe

10 g Butter oder Margarine

1 EL Currypulver

1/2 l Gemüsebrühe

1/2 TL Kümmel

1 Fleischtomate (etwa 150 g)

1/2–1 TL Sambal Oelek

Salz · Pfeffer

1 EL saure Sahne

Petersilie zum Garnieren

ZUBEREITUNGSZEIT: 1 STD.

Pro Person etwa:

4 g E/ 12 g F/ 14 g KH

180 kcal

VOM Kürbis die Kerne und die Schale großzügig entfernen. Danach sollte 250–300 g Kürbisfleisch übrig bleiben, dieses in grobe Würfel schneiden. Zwiebel und Knoblauch schälen, hacken und im heißen Fett unter Rühren glasig dünsten. Kürbiswürfel und Currypulver hinzufügen und kurz mitdünsten. Mit Gemüsebrühe aufgießen und mit dem Kümmel würzen. Alles zugedeckt 20 Min. leicht köcheln lassen.

TOMATE mit kochendem Wasser überbrühen, kalt abschrecken, häuten und quer halbieren. Stielansatz und Kerne entfernen. Das Fruchtfleisch in kleine Würfel schneiden.

WENN die Suppe etwas ausgekühlt ist, mit dem Pürierstab oder im Mixer fein pürieren. Suppe mit Sambal Oelek, Salz und Pfeffer würzen. Die saure Sahne hinzufügen, mit Tomatenwürfeln und Petersilie garnieren.

DIE Curry-Kürbis-Suppe schmeckt auch kalt hervorragend, die Kühlzeit beträgt etwa 2 Std. Als Gag können Sie die Suppe in einem ausgehöhlten Kürbis servieren.

Knoblauchsuppe

1/2 Knoblauchknolle

2 Roggenbrötchen · 150 ml Milch

1 kleine Fleischtomate

1 TL Olivenöl · 750 ml Gemüsebrühe

1 EL gehackte Petersilie

ZUBEREITUNGSZEIT: 45 MIN.

Pro Person etwa:

8 g E/ 11 g F/ 34 g KH

265 kcal

KNOBLAUCH schälen und zerdrücken. Brötchen in grobe Würfel schneiden, in der lauwarmen Milch einweichen. Tomate überbrühen, häuten, entkernen und klein würfeln.

OLIVENÖL erhitzen und den Knoblauch darin anbraten. Tomatenwürfel und die Brötchen mitsamt der Milch dazugeben und 3 Min. unter Rühren dünsten. Mit Gemüsebrühe aufgießen und zugedeckt 10 Min. bei schwacher Hitze kochen lassen.

SUPPE durch ein Sieb passieren oder fein pürieren, mit der Petersilie bestreut servieren.

Rosenkohl-Orangen-Suppe

500 g Rosenkohl · 1/2 l Gemüsebrühe

1/2 EL unbehandelte, abgeriebene Orangenschale

Saft von 1 Orange · 1/2 TL gemahlener Koriander

2–3 Spritzer Tabasco · 1 Prise Zucker · Salz

Pfeffer · 2 EL saure Sahne · 1 EL Pinienkerne

ZUBEREITUNGSZEIT: 25 MIN.

Pro Person etwa:

12 g E/ 11 g F/ 14 g KH

210 kcal

ROSENKOHL putzen, waschen und halbieren. In der Gemüsebrühe in 15 Min. weich kochen. Einige Hälften zum Dekorieren beiseite legen, übrigen Rosenkohl fein pürieren. Falls die Suppe zu dick ist, noch etwas Gemüsebrühe hinzufügen.

ORANGENSCHALE, -saft und Gewürze einrühren, nochmals aufkochen lassen. Zum Schluß die saure Sahne unterheben.

PINIENKERNE hacken und ohne Fett goldgelb rösten. Mit den Rosenkohlhälften als Dekoration auf die Suppe geben.

Tomaten mit Wildreisfüllung

raffiniert • etwas teurer

FÜR 2 PERSONEN

50 g Wildreis · Salz

4 Fleischtomaten

100 g Champignons

1 Knoblauchzehe

10 g Butter oder Margarine

1/2 TL gemahlener Koriander oder

1 EL frisch gehacktes Koriandergrün

2 EL frisch geriebener Parmesan

2 TL Walnußöl

VORBEREITUNGSZEIT: 50 MIN.
BACKZEIT: 15 MIN.

Pro Person etwa:

6 g E/ 11 g F/ 23 g KH

215 kcal

WILDREIS mit der 8–fachen Menge Salzwasser aufsetzen, aufkochen und zugedeckt bei schwacher Hitze 40 Min. quellen lassen.

INZWISCHEN Tomaten waschen, einen Deckel abschneiden und die Tomaten vorsichtig mit einem Teelöffel aushöhlen. Tomaten mit der Öffnung nach unten abtropfen lassen. Champignons putzen, Pilze und Tomatendeckel in kleine Würfel schneiden.

DEN Backofen auf 180° vorheizen. Knoblauch schälen, zerdrücken und mit den Champignons im heißen Fett so lange dünsten, bis alle Flüssigkeit verdunstet ist. Tomatenwürfel und Koriander unterrühren. Die Füllung etwas auskühlen lassen. Gegarten Reis und Parmesan einrühren. Die Tomaten mit der Masse füllen, in eine feuerfeste Form stellen, mit je 1/2 TL Walnußöl beträufeln und im Ofen (Mitte; Umluft 160°) 15 Min. überbacken.

WENN Sie den Wildreis schon vorgekocht haben, verringert sich die Zubereitungszeit um etwa 30 Min.

WILDREIS ist das Korn eines Wassergrases, das in Nordamerika und Kanada beheimatet ist. Die langen schwarzen Körner haben ein köstliches nussiges Aroma.

Champignons in Rotwein

läßt sich gut vorbereiten • für Gäste

FÜR 2 PERSONEN

1/8 l trockener Rotwein

1 EL kaltgepreßtes Olivenöl

je 1 Zweig Rosmarin und Thymian

(ersatzweise je 1 TL getrockneter)

2 Schalotten

4 Knoblauchzehen

150 g möglichst gleich große

Champignons (ersatzweise Egerlinge)

2 EL gehackte Petersilie oder

etwas frischer Thymian

Pfeffer

ZUBEREITUNGSZEIT: 45 MIN.

Pro Person etwa:

4 g E/ 8 g F/ 7 g KH

150 kcal

FÜR den Sud Rotwein mit Olivenöl, Rosmarin, Thymian und 1/8 l Wasser zum Kochen bringen. Schalotten schälen und längs vierteln. Mit den ungeschälten, ganzen Knoblauchzehen in den Sud geben und zugedeckt bei mittlerer Hitze 10 Min. sanft kochen lassen.

CHAMPIGNONS putzen, je nach Größe halbieren oder vierteln und im Rotweinsud 10 Min. sanft köcheln lassen.

PILZE, Schalotten und Knoblauchzehen mit einem Schaumlöffel herausheben und zugedeckt beiseite stellen. Gewürzzweige entfernen (getrocknete Gewürze können im Sud bleiben). Den Sud ohne Deckel etwa auf die Hälfte einkochen lassen und über die Champignons gießen. Mit Petersilie oder Thymian und frisch gemahlenem Pfeffer bestreuen. Die Pilze warm oder kalt servieren.

WENN Sie die Champignons 1 oder 2 Tage im voraus zubereiten und zugedeckt im Kühlschrank aufbewahren, erhalten sie ein noch intensiveres Aroma und die Pilze färben sich rot.

Pilztatar auf Salat

FÜR 2 PERSONEN

je 100 g frische Shiitake-Pilze und frische Pfifferlinge

1 Schalotte · 1 EL gehackte Petersilie

1 TL Butter · Salz · Pfeffer · 2 EL Himbeeressig

1 EL kaltgepreßtes Olivenöl

50 g Radicchio-Salat · 50 g Feldsalat

1 Tomate oder 8 Cocktailtomaten

ZUBEREITUNGSZEIT: 30 MIN.

Pro Person etwa:

3 g E/ 10 g F/ 2 g KH

110 kcal

etwas teurer • raffiniert

PILZE putzen und in winzige Würfel schneiden. Fein gewürfelte Schalotte und Petersilie in Butter glasig dünsten. Pilze hinzufügen, salzen, pfeffern und 5 Min. garen, bis alle Flüssigkeit verdunstet ist. Pilztatar in Mokkatassen füllen, festdrücken und etwas auskühlen lassen.

AUS Essig, Öl, Pfeffer und Salz eine Vinaigrette rühren, den geputzten Salat darin wenden.

PILZTATAR auf Teller stürzen, den Salat drumherum anrichten und mit Tomatenwürfeln oder halbierten Cocktailtomaten garnieren.

Thunfischmousse

FÜR 4 PERSONEN

2 Blatt weiße Gelatine

150 g Thunfisch naturell (aus der Dose)

1 EL Zitronensaft

125 g Quarkzubereitung (0,2% Fett)

Salz · Pfeffer

1 EL Schnittlauchröllchen · 1 EL Kapern

ZUBEREITUNGSZEIT: 40 MIN.

Pro Person etwa:

14 g E/ 6 g F/ 3 g KH

120 kcal

preiswert • fürs kalte Buffet

DIE Gelatine 5 Min. in kaltem Wasser einweichen. Den Thunfisch mit Zitronensaft, Quark, Salz und Pfeffer fein pürieren.

GELATINE tropfnaß bei schwacher Hitze auflösen, unter die Thunfischmasse rühren. Zugedeckt 30 Min. in den Kühlschrank stellen.

VON der festen Mousse mit einem Eßlöffel Klößchen abstechen, auf Tellern anrichten und mit Schnittlauchröllchen und Kapern garnieren.

DIE Mousse hält sich 2–3 Tage im Kühlschrank.

Linsensoufflé

schmeckt auch kalt • raffiniert

FÜR 4 PERSONEN

4 mittelgroße grüne Paprikaschoten

1 mittelgroße Zwiebel

1 mittelgroße Möhre

1 EL Olivenöl

1 Knoblauchzehe

150 g rote Linsen

3/8 l Gemüsebrühe

1 EL Tomatenmark · 1 Ei

Salz · Pfeffer

etwas Fett für die Form

4 TL saure Sahne

VORBEREITUNGSZEIT: 50 MIN.
BACKZEIT: 30 MIN.

Pro Person etwa:

13 g E/ 8 g F/ 25 g KH

230 kcal

VON den Paprikaschoten jeweils einen Deckel abschneiden, vorsichtig Kerngehäuse und dicke Rippen entfernen. Paprikadeckel, geschälte Zwiebel und Möhre fein hacken und im Öl 5 Min. dünsten. Geschälten und zerdrückten Knoblauch, Linsen, Brühe und Tomatenmark dazugeben. Zugedeckt bei mittlerer Hitze 15 Min. kochen lassen, bis alle Flüssigkeit aufgesogen ist. Falls nötig, etwas Brühe nachgießen.

WENN die Linsen weich sind, vom Herd nehmen und auskühlen lassen. In der Zwischenzeit Wasser in einem großen Topf zum Kochen bringen und die Paprikaschoten darin 5 Min. garen. Mit der Öffnung nach unten in einem Sieb abtropfen lassen. Das Ei trennen und das Eiweiß zu steifem Schnee schlagen.

BACKOFEN auf 200° vorheizen. Abgekühlte Linsenmasse mit Salz und Pfeffer abschmecken. Eigelb unterrühren, Eischnee vorsichtig unterheben. Paprikaschoten in eine leicht gefettete feuerfeste Form stellen, mit der Soufflémasse füllen und im Ofen (Mitte; Umluft 180°) 30 Min. backen.

VOR dem Servieren je einen Teelöffel saure Sahne obenauf setzen.

ZUM Kaltessen die Paprikaschoten achteln und mit einer Vinaigrette aus Öl, Himbeeressig und frischen Kräutern beträufeln.

Krabbensülze

dekorativ • läßt sich gut vorbereiten

FÜR 4 PERSONEN

6 Blatt weiße Gelatine

1 kleine Möhre (50 g)

1 kleine rote Paprikaschote

125 g Zuckerschoten

300 ml Gemüsebrühe

Saft von 1/2 Zitrone

weißer Pfeffer

125 g gegarte, geschälte Pazific-Krabben

ZUBEREITUNGSZEIT: 25 MIN.
KÜHLZEIT: 2 STD. 20 MIN.

Pro Person etwa:

11 g E/ 3 g F/ 10 g KH

105 kcal

GELATINE in kaltem Wasser einweichen. Möhre und Paprikaschote putzen, von der Paprikaschote einen Ring abschneiden, beiseite legen. Übrige Schote und die Möhre klein würfeln. Die Zuckerschoten putzen. Nacheinander Zuckerschoten und Möhrenwürfel in der Brühe in 3 Min. bißfest garen, herausheben und eiskalt abschrecken. Brühe mit Zitronensaft und Pfeffer abschmecken.

GELATINE tropfnaß bei schwacher Hitze auflösen, unter die Brühe rühren. Den Boden einer Schüssel (etwa 13 cm Ø) mit Brühe bedecken, 20 Min. in den Kühlschrank stellen, bis die Flüssigkeit geliert ist.

DEN Paprikaring in die Mitte des Schüsselbodens legen. Die Krabben und das Gemüse so darauf arrangieren, daß nach dem Stürzen ein dekoratives Muster zu sehen ist, dabei immer wieder mit Brühe auffüllen.

SÜLZE zum Festwerden mindestens 2 Std. in den Kühlschrank stellen und zum Servieren vorsichtig stürzen.

DIE Krabbensülze läßt sich gut bis zu 3 Tage im Kühlschrank aufbewahren. Servieren Sie die Sülze mit Buttermilchdressing (Seite 39) oder Balsamicosauce (Seite 38).

Sellerieflan

erfrischend • würzig

FÜR 2 PERSONEN

250 g Knollensellerie

Salz · 1 Eiweiß

etwas Fett für die Förmchen

1 EL saure Sahne

weißer Pfeffer

2 TL geriebener Meerrettich (aus dem Glas)

Für die Sauce:

1 säuerlicher Apfel (ca. 150 g)

60 ml Weißwein

1 TL Halbfettbutter oder -margarine

1 EL Walnußkerne

ZUBEREITUNGSZEIT: 30 MIN.
BACKZEIT: 30 MIN.

Pro Person etwa:

5 g E/ 6 g F/ 4 g KH

110 kcal

KNOLLENSELLERIE schälen, waschen, in ca. 1 cm große Würfel schneiden und in wenig Salzwasser in 15 Min. weich kochen.

BACKOFEN auf 180° vorheizen. Das Eiweiß sehr steif schlagen. 2 Pudding- oder kleine Gratinförmchen dünn einfetten.

SELLERIE mit saurer Sahne, Salz, Pfeffer und Meerrettich fein pürieren. Eischnee vorsichtig unterheben. Die Masse in die Förmchen füllen und im Wasserbad im Backofen (Mitte; Umluft 160°) 30 Min. backen.

IN der Zwischenzeit für die Sauce den Apfel schälen, entkernen und in kleine Stücke schneiden. In Weißwein mit Butter oder Margarine weich köcheln und pürieren.

NÜSSE grob hacken und ohne Fett in einer beschichteten Pfanne anrösten.

SELLERIEFLAN auf Teller stürzen, mit Apfelsauce anrichten und mit den Nüssen bestreuen.

BESONDERS pikant wird der Sellerieflan, wenn Sie dafür frisch geriebenen Meerrettich verwenden, der meistens auf Wochenmärkten zu bekommen ist.

DIESE Vorspeise können Sie heiß, lauwarm und sogar – an heißen Sommertagen – eiskalt aus dem Kühlschrank servieren.

Couscouspudding

läßt sich gut vorbereiten • preiswert

FÜR 4 PERSONEN

50 g Couscous

50 g Champignons

1 kleine Zwiebel

2 Stengel Staudensellerie (etwa 100 g)

1 TL Sesamöl

1 EL Tomatenmark

Saft von 1/2 Zitrone

Salz · Pfeffer

1 Fleischtomate

150 g Magerjoghurt (0,3 % Fett)

3 EL gehackte Kräuter (z. B. Basilikum,

Minze oder Zitronenmelisse)

VORBEREITUNGSZEIT: 25 MIN.
KÜHLZEIT: 4 STD.

Pro Person etwa:

4 g E/ 4 g F/ 13 g KH

110 kcal

COUSCOUS mit 1/2 l kochendem Wasser bedecken und 10 Min. quellen lassen.

CHAMPIGNONS putzen und in Scheiben schneiden. Zwiebel schälen, Sellerie putzen. Beides klein würfeln und im heißen Öl 5 Min. andünsten. Tomatenmark und Pilze gut unterrühren und weitere 5 Min. dünsten. Couscous und Zitronensaft dazugeben, alles gut verrühren und mit Salz und Pfeffer würzen.

TOMATE waschen und in Scheiben schneiden. Den Boden von 2 kleinen Schüsseln mit je etwa 1/4 l Fassungsvermögen mit den Scheiben auslegen, die Couscous-Gemüse-Mischung einfüllen und fest andrücken. Den Pudding mindestens 4 Std. im Kühlschrank kühlen.

VOR dem Servieren den Joghurt mit Salz würzen und je nach Geschmack und Saison Basilikum, Minze oder Zitronenmelisse unterrühren. Zum Couscouspudding servieren.

SIE können auch andere Gemüse für den Pudding verwenden, nur knackig sollten sie sein.

COUSCOUS sind kleine Weizengrieß-Kügelchen. Sie werden vor allem in der nordafrikanischen Küche verwendet. Sie finden Couscous in gutsortierten Supermärkten.

QUICHES UND GRATINS[*]

*

MIT einer Quiche haben Sie nicht viel Arbeit. Sie können sie als Hauptgericht zubereiten oder als Vorspeise für ein Gästeessen. In der klassischen Küche werden die herzhaften Torten mit einem Mürbeteigboden hergestellt, der für eine möglichst fettarme Ernährung zu viel Butter enthält. Wir haben drei Teige für Sie ausprobiert, die mit wenig Fett auskommen, einen hohen Anteil an Kohlenhydraten haben und dennoch lecker schmecken.

IDEAL für die Zubereitung ist eine original französische Quicheform, die in Haushaltswarengeschäften erhältlich ist. Statt dessen können Sie die herzhaften Gemüsetorten aber auch in einer Springform zubereiten.

GRATINS sind eine schnelle und vielseitige Abwechslung in der warmen Gemüseküche. Sie können eine komplette Mahlzeit sein oder mit magerem, gegrilltem Fleisch oder Fisch als Beilage gereicht werden.

Lauchquiche

würzig • preiswert

FÜR 2 PERSONEN

Für eine Form von 24 cm Ø

Für den Kartoffelteig:

125 g gekochte Kartoffeln

125 g Weizenmehl Type 1050

1 gehäufter TL Backpulver

15 g Halbfettbutter oder -margarine

1 Prise Salz · 2–3 EL Milch · Fett für die Form

Für den Belag:

1 Zwiebel · 200 g Lauch

1 gelbe Paprikaschote · 1 TL Öl

50 g magerer, gekochter Schinken

1 Eigelb · 1/8 l fettarme Milch

1 gehäufter TL Speisestärke

Salz · Pfeffer

2 TL Kräuter der Provence

VORBEREITUNGSZEIT: 40 MIN.
BACKZEIT: 30 MIN.

Pro Person etwa:

22 g E/ 18 g F/ 71 g KH

535 kcal

FÜR den Teig die Kartoffeln durch die Presse drücken. Dann rasch mit allen anderen Zutaten verkneten. Den Teig etwa 1/2 cm dick ausrollen und eine leicht gefettete Form damit auskleiden. Den Boden mit einer Gabel mehrmals ein-, aber nicht durchstechen.

BACKOFEN auf 180° vorheizen. Das Gemüse putzen, Zwiebel fein würfeln, Lauch längs halbieren, gründlich waschen und in Streifen schneiden, Paprikaschote in Ringe schneiden. Den Schinken würfeln.

ZWIEBEL und Lauch in heißem Öl 5 Min. dünsten, auf dem Teig verteilen. Paprikaringe und Schinkenwürfel ebenso darauf verteilen. Eigelb mit Milch, Speisestärke und Gewürzen verquirlen, über den Belag gießen.

QUICHE im Ofen (Mitte; Umluft 160°) 30 Min. backen, bis der Rand goldgelb und knusprig ist.

MIT diesem Kartoffelteig schmeckt auch ein Zucchinibelag sehr gut: Ein etwa 200 g schwerer Zucchino wird in dünne Scheiben geschnitten, 7–8 Min. vorgedünstet und mit Thymian und Rosmarin gewürzt.

Senf-Broccoli-Quiche

würzig • gelingt leicht

FÜR 2 PERSONEN

Für eine Form von 24 cm Ø

Für den Quarkteig:

125 g Weizenmehl Type 1050

65 g Magerquark (0,2 g Fett)

1 TL Backpulver

3–4 EL lauwarmes Wasser

1 EL gehackte Petersilie

etwas Fett für die Form

Für den Belag:

200 g Broccoli · Salz

1 kleine Zwiebel · 1 säuerlicher Apfel

1 TL Olivenöl

2 EL scharfer Senf

2 EL Mehl · 1 Ei

1/8 l fettarme Milch · Pfeffer

VORBEREITUNGSZEIT: 50 MIN.
BACKZEIT: 30 MIN.

Pro Person etwa:

21 E/ 14 g F/ 66 g KH

480 kcal

FÜR den Teig alle Zutaten rasch miteinander verkneten, ausrollen und eine leicht gefettete Form damit auskleiden. Den Boden mit einer Gabel mehrmals ein-, aber nicht durchstechen.

BROCCOLI putzen und in kleine Röschen teilen, den Stiel längs halbieren und in Scheiben schneiden. Den Stiel in Salzwasser 2 Min. kochen, Röschen hinzufügen und alles zusammen noch 2 Min. ziehen lassen. Kalt abschrecken und gut abtropfen lassen.

ZWIEBEL in feine, Apfel in grobe Würfel schneiden. Zwiebelwürfel im Öl glasig dünsten, Apfelwürfel dazugeben und so lange mitdünsten, bis sie beinahe weich sind.

BACKOFEN auf 180° vorheizen. Senf mit Mehl glatt rühren, Ei und Milch darunterquirlen. Eiermilch salzen und pfeffern.

AUF dem Teigboden zuerst das Apfel-Zwiebel-Gemisch, dann die Scheiben der Broccolistiele und obenauf die Broccoliröschen verteilen. Mit der Eiermilch begießen. Die Quiche im Ofen (2. Schiene von unten; Umluft 160°) 30 Min. backen, bis der Rand goldgelb und knusprig ist.

EBENSOGUT schmeckt diese Quiche mit Blumenkohl oder mit Rosenkohl, die beide etwas länger (ca. 10 Min.) vorgegart werden müssen.

Spinat-Käse-Quiches

mit Hefeteig • schmeckt auch kalt

FÜR 2 PERSONEN

Für 4 Förmchen von 12 cm Ø:

Für den Hefeteig:

10 g Hefe · 70 ml fettarme Milch

150 g Weizenmehl Type 1050

Salz · Pfeffer

etwas Fett für die Form

Für den Belag:

1 Schalotte · 1 Knoblauchzehe

500 g frischer Blattspinat

(ersatzweise 300 g tiefgekühlter)

1 TL Currypulver · 1 EL Öl

Salz · Pfeffer

2 Fleischtomaten

100 g körniger Frischkäse (20 % Fett i. Tr.)

ein paar Schnittlauchhalme

VORBEREITUNGSZEIT: 45 MIN.
BACKZEIT: 20 MIN.

Pro Person etwa:

21 g E/ 12 g F/ 57 g KH

430 kcal

FÜR den Teig die Hefe in lauwarmer Milch auflösen und mit Mehl, Salz und Pfeffer zu einem festen Teig verkneten. Zugedeckt 20 Min. an einem warmen Ort gehen lassen.

INZWISCHEN den Backofen auf 180° vorheizen. Schalotte und Knoblauch schälen, Schalotte fein hacken, den Knoblauch durchpressen. Spinat verlesen, waschen, abtropfen lassen und grob hacken. Schalotte, Knoblauch und Currypulver im Öl kurz anbraten, Spinat, Salz und Pfeffer dazugeben und dünsten, bis alle Flüssigkeit verdampft ist.

DEN Teig ausrollen, die leicht gefetteten Förmchen damit auskleiden und im Ofen (Umluft 160°) 5 Min. ohne Belag vorbacken.

TOMATEN überbrühen, häuten und quer in Scheiben schneiden. Spinatmasse in die Förmchen verteilen und mit Tomatenscheiben belegen. Den Frischkäse obenauf verteilen.

SPINAT-KÄSE-QUICHES im Ofen (Mitte) 15–20 Min. backen. Vor dem Servieren mit Schnittlauch garnieren.

Lauch-Schinken-Gratin

läßt sich gut vorbereiten • deftig

FÜR 2 PERSONEN

Für eine Gratinform von 25 cm Länge:

6 gleich große Stangen Lauch (etwa 2 cm dick)

Salz

10 g Butter oder Margarine

20 g Weizenmehl Type 1050

1/8 l fettarme Milch

1 Msp. geriebene Muskatnuß

Pfeffer · 1–2 EL Zitronensaft

etwas Fett für die Form

6 Scheiben gekochter, dünn geschnittener

Schinken (etwa 100 g)

30 g frisch geriebener Gouda (30 % Fett i.Tr.)

VORBEREITUNGSZEIT: 50 MIN.
BACKZEIT: 20 MIN.

Pro Person etwa:

27 g E/ 12 g F/ 20 g KH

295 kcal

LAUCHSTANGEN waschen und putzen, dabei die äußeren Blätter entfernen. Den weißen Teil gleichlang, in der Breite der Schinkenscheiben, abschneiden. In wenig Salzwasser 20 Min. garen, mit einem Schaumlöffel herausnehmen, Gemüse und Brühe beiseite stellen.

BACKOFEN auf 200° vorheizen. Butter oder Margarine erhitzen, das Mehl darin anschwitzen, 1/8 l Lauchbrühe und Milch mit einem Schneebesen kräftig einrühren und die Sauce etwas einkochen lassen. Mit Muskatnuß, Salz, Pfeffer und Zitronensaft abschmecken.

DIE Auflaufform dünn einfetten. Jede Lauchstange in eine Schinkenscheibe einwickeln, nebeneinander in die Form legen und mit Sauce begießen. Käse darüber streuen und das Gratin 15–20 Min. im Ofen (Mitte; Umluft 180°) überbacken, bis die Oberfläche goldbraun ist.

Kartoffelpüree-Lauch-Gratin

preiswert • gelingt leicht

67

FÜR 2 PERSONEN

Für eine Gratinform von 25 cm Länge:

400 g Kartoffeln · Salz

1/8 l fettarme Milch

20 g Halbfettbutter oder -margarine

weißer Pfeffer

1–2 Msp. geriebene Muskatnuß

2 Stangen Lauch (etwa 350 g)

1 EL Öl

2 EL frisch geriebener Parmesan

2 EL saure Sahne

VORBEREITUNGSZEIT: 40 MIN.
BACKZEIT: 7 MIN.

Pro Portion etwa:

14 g E/ 17 g F/ 38 g KH

365 kcal

KARTOFFELN schälen, in wenig Salzwasser gar kochen und etwas auskühlen lassen. Anschließend mit einer Gabel oder einem Kartoffelstampfer zerdrücken. Mit lauwarmer Milch, Butter oder Margarine zu einem Püree verarbeiten. Mit Salz, Pfeffer und Muskatnuß würzen.

BACKOFEN auf 250° vorheizen. Lauch gründlich waschen, putzen und in breite Ringe schneiden. Lauchringe im Öl anbraten und mit wenig Wasser in 5 Min. bißfest dünsten.

LAUCH in die Form füllen und mit Kartoffelpüree bedecken. Parmesan und saure Sahne verrühren und darüber streichen. Mit einer Gabel oder einem Messerrücken ein dekoratives Muster in die Oberfläche zeichnen.

GRATIN im Ofen (2. Schiene von oben; Umluft 230°) in 5–7 Min. goldgelb überbacken.

ALS Beilage können Sie dazu pro Person ein mariniertes und gebratenes Putenbrustschnitzel servieren. Das Rezept für die Marinade finden Sie auf Seite 128.

TEIGWAREN UND SAUCEN*

AUS Nudeln und würzigen Saucen können Sie schnelle und preiswerte Mahlzeiten zaubern. Die meisten handelsüblichen Teigwaren aus Weizenmehl oder Hartweizengrieß enthalten reichlich Proteine und Kohlenhydrate, aber nur wenig Fett. In Verbindung mit Gemüse eignen sie sich daher ideal für eine gesunde Ernährung. Eine 100-g-Portion ungekochte Nudeln bringt Ihnen schon rund 70 g Kohlenhydrate und sättigt für Stunden, ohne schwer im Magen zu liegen.

ACHTEN Sie beim Einkauf auf eifreie Teigwaren oder versuchen Sie zur Abwechslung die besonders herzhaften Vollkornnudeln.

DIE pikanten Saucen passen außer zu Nudeln auch gut zu Pellkartoffeln oder Reis und schmecken ebenso fein, wenn Sie sie auf frisch getoastetes Brot streichen.

MANCHE der Saucen können Sie auf Vorrat kochen. Gut verschlossen halten sie sich im Kühlschrank einige Tage. Die Saucen lassen sich auch portionsweise einfrieren.

Nudelteig

FÜR 2 PERSONEN

150 g Weizenmehl Type 1050
1 TL Salz · 1 EL Olivenöl · 1 Ei
Mehl für Arbeitsfläche

ZUBEREITUNGSZEIT: 40 MIN.

Pro Person etwa:
12 g E/ 10 g F/ 51 g KH
340 kcal

preiswert • braucht etwas Zeit

ALLE Zutaten mit etwa 50 ml Wasser rasch zu einem geschmeidigen Teig verkneten und in Folie gewickelt 30 Min. ruhen lassen. Teig dünn zu einem Kreis von etwa 50 cm Ø ausrollen. Mit Mehl bestäuben, aufrollen und in dünne Streifen schneiden. Nudeln locker ausbreiten, etwas antrocknen lassen. Dann in etwa 5 Min. bißfest kochen.

MIT Kräutern, Safran oder Tomatenmark können Sie den Nudelteig würzen und färben. Gut verschlossen lassen sich die Nudeln 1 Woche im Kühlschrank aufbewahren.

70

Bandnudeln mit Sellerie

FÜR 2 PERSONEN

250 g Bandnudeln · Salz · Pfeffer
3 Stengel Staudensellerie · 1 Schalotte
1 EL gehackte Petersilie · 1 EL Olivenöl
50 g gekochter Schinken · 125 g Magerquark (0,3 % Fett)
1 Eigelb · bunter Pfeffer

ZUBEREITUNGSZEIT: 30 MIN.

Pro Person etwa:
24 g E/ 16 g F/ 89 g KH
600 kcal

raffiniert • gelingt leicht

BANDNUDELN in reichlich Salzwasser nach Packungsanleitung »al dente« kochen.

INZWISCHEN Sellerie waschen, putzen und in 1/2 cm große Würfel schneiden. Schalotte schälen, fein würfeln. Beides mit der Petersilie im Olivenöl 5 Min. andünsten. Schinken würfeln und daruntermischen.

QUARK mit Eigelb, Salz und Pfeffer verquirlen, unter das Gemüse rühren.

NUDELN abschütten, mit dem Gemüse vermischen und mit Pfeffer bestreuen.

Tagliatelle mit Blattspinat

schnell • preiswert

FÜR 2 PERSONEN

200 g Tagliatelle · Salz

500 g frischer Spinat

1 kleine Zwiebel

1–2 Knoblauchzehen

150 ml fettarme Milch

1 EL Olivenöl

1 EL Pinienkerne

30 g frisch geriebener Parmesan

Pfeffer

1–2 Msp. geriebene Muskatnuß

10 g Halbfettbutter oder -margarine

10 g Mehl

ZUBEREITUNGSZEIT: 20 MIN.

Pro Person etwa:

23 g E/ 20 g F/ 76 g KH

585 kcal

TAGLIATELLE in reichlich Salzwasser nach Packungsanleitung »al dente« kochen.

IN der Zwischenzeit den Spinat gründlich waschen, putzen und abtropfen lassen. Die Blätter von den Stielen zupfen und grob schneiden. Zwiebel und Knoblauch schälen, fein hacken.

MILCH in einem kleinen Topf erwärmen. Das Öl in einer Pfanne mit hohem Rand erhitzen. Zwiebel, Knoblauch und Pinienkerne darin goldgelb braten. Spinat hinzufügen und so lange rühren, bis er zusammengefallen und alle Flüssigkeit verdunstet ist. Milch dazugießen und den Parmesan darüber streuen. Alles gut vermischen. Den Spinat mit Salz, Pfeffer und Muskatnuß abschmecken und die Flüssigkeit etwas einkochen lassen. Butter und Mehl verkneten und einrühren.

NUDELN durch ein Sieb abschütten, nur kurz abtropfen lassen, sofort mit dem Spinat vermengen und auf Tellern anrichten.

FALLS Sie keinen frischen Spinat bekommen, nehmen Sie statt dessen 300 g tiefgekühlten. Anstelle von Tagliatelle können Sie auch andere Bandnudeln verwenden.

Gebratene Nudeln

asiatisch • würzig

FÜR 2 PERSONEN

150 g Suppennudeln oder Spaghetti Nr. 1

Salz · 1 Möhre

1 kleiner Kohlrabi (etwa 150 g)

5 Frühlingszwiebeln oder 1 kleine Stange Lauch

200 g Putenbrustfilet

1 1/2 EL Sesamöl

1 Ei

3–4 EL helle Sojasauce

2 EL Schnittlauchröllchen

ZUBEREITUNGSZEIT: 40 MIN.

Pro Person etwa:

41 g E/ 17 g F/ 65 g KH

595 kcal

NUDELN in reichlich Salzwasser nach Packungsanleitung kochen. Wenn Sie Spaghetti verwenden, brechen Sie diese zuerst in etwa 3–4 cm lange Stücke. Nudeln durch ein Sieb abschütten und kalt abschrecken.

MÖHRE und Kohlrabi waschen, schälen und in winzige Würfel schneiden. Frühlingszwiebeln oder Lauch waschen, putzen, der Länge nach vierteln und in feine Streifen schneiden. Das Putenfleisch fein schnetzeln.

IN einer sehr großen beschichteten Pfanne 1 EL Öl erhitzen, Putenstücke darin kräftig anbraten und an den Pfannenrand schieben. Das Ei aufschlagen und auf den freien Platz in der Pfanne setzen. Kurz stocken lassen, dann mit einem Kochlöffel zerteilen, verrühren und ebenfalls an den Pfannenrand schieben. Restliches Öl auf die freie Pfannenfläche gießen und die Gemüsewürfel darin unter ständigem Rühren in 2–3 Min. bißfest garen.

GEKOCHTE Nudeln untermischen und leicht andrücken, damit sie etwas anbraten können. Das Gericht nochmals gut durchmischen, mit Sojasauce würzen und mit Schnittlauchröllchen bestreut servieren.

BEI Tisch kann jeder nach Geschmack mit Sojasauce oder Sambal Oelek nachwürzen.

Papardelle mit Gemüsebändern

raffiniert • für Gäste

FÜR 2 PERSONEN

200 g Papardelle (breite Bandnudeln)

Salz · 2 mittelgroße Möhren

1 mittelgroßer Zucchino

1 EL kaltgepreßtes Olivenöl

1 TL getrockneter Oregano

1 TL getrocknetes Basilikum

50 g Frischkäse (20 % Fett i.Tr.)

50 g Quarkzubereitung (0,2 % Fett)

1 TL Walnußöl

1 TL Zitronensaft · Pfeffer

2 EL frisch geriebener Parmesan

ZUBEREITUNGSZEIT: 25 MIN.

Pro Person etwa:

21 g E/ 16 g F/ 75 g KH

540 kcal

BANDNUDELN in reichlich Salzwasser nach Packungsanleitung bißfest kochen.

IN der Zwischenzeit die Möhren waschen, schälen und dünn in flache Bänder schneiden. Am besten und ungefährlichsten geht das mit einer Aufschnittmaschine. Oder Sie schieben die Möhren langsam und vorsichtig durch den Schneidespalt eines Gurkenhobels. Die Möhrenbänder in wenig Salzwasser 5 Min. kochen, bis sie gerade gar sind. Durch ein Sieb abschütten.

ZUCCHINO waschen und ungeschält nach der gleichen Methode wie die Möhre zurechtschneiden. Olivenöl in einer großen Pfanne erhitzen, Zucchinibänder nebeneinander hineinlegen, mit Oregano und Basilikum bestreuen und auf beiden Seiten goldgelb anbraten.

FÜR die Sauce Frischkäse mit Quark, Öl und Zitronensaft vermischen und kräftig mit Salz und Pfeffer abschmecken.

MÖHREN- und Zucchinibänder vorsichtig unter die Sauce heben, in der Mitte der Bandnudeln anrichten und mit Parmesan bestreuen.

EINEN Hauch von Luxus bekommt dieses Gericht, wenn Sie anstelle von Walnußöl Trüffelöl verwenden. Gute italienische Feinkostläden führen diese Kostbarkeit aus dem Piemont.

Farfalleauflauf

gelingt leicht • läßt sich gut vorbereiten

FÜR 2 PERSONEN

Für eine Auflaufform von 20 cm Ø:

200 g Farfalle (Schmetterlingsnudeln)

Salz · 2 Knoblauchzehen

1 mittelgroße Zwiebel

3 Fleischtomaten (etwa 300 g)

1 große Möhre · 125 g Keniabohnen

10 g Butter oder Margarine

100 g Rinderhackfleisch vom Filet

3 EL Tomatenmark

1 TL getrockneter Oregano

1 TL getrocknetes Basilikum

1 EL feingehackte Petersilie

etwas Fett für die Form

30 g frisch geriebener Parmesan

VORBEREITUNGSZEIT: 40 MIN.
BACKZEIT: 15 MIN.

Pro Person etwa:

34 g E/ 18 g F/ 85 g KH

645 kcal

FARFALLE in reichlich Salzwasser nach Packungsanleitung bißfest kochen. Durch ein Sieb abschütten, mit kaltem Wasser abschrecken und abtropfen lassen.

KNOBLAUCH und Zwiebel schälen, fein hacken. Tomaten überbrühen, häuten, entkernen und in Würfel schneiden. Möhre schälen und in 3 cm lange Streifen, etwa in der Dicke der Keniabohnen, schneiden. Bohnen waschen, putzen und in 3 cm lange Stücke schneiden.

MÖHRENSTREIFEN und Bohnen 3 Min. in kochendem Salzwasser bißfest garen, kalt abschrecken und gut abtropfen lassen.

BACKOFEN auf 200° vorheizen. Butter oder Margarine in einer Pfanne mit hohem Rand erhitzen. Knoblauch und Zwiebel darin glasig dünsten. Hackfleisch zerpflücken, hinzufügen und unter ständigem Rühren anbraten. Tomatenmark einrühren, kurz mitbraten. Tomatenwürfel und die Gewürze unterrühren, alles bei schwacher Hitze 10 Min. köcheln lassen.

PETERSILIE, Gemüse und Nudeln unter das Hackfleisch mischen, abschmecken. In die leicht gefettete Auflaufform füllen und mit Käse bestreuen. Im Ofen (Mitte; Umluft 180°) 15 Min. backen, bis die Oberfläche goldgelb glänzt.

GUT dazu paßt Radicchio- oder Chicorée-Salat mit einem Buttermilchdressing (Seite 39).

Gemüselasagne

etwas aufwendiger • Klassiker auf neue Art

FÜR 2 PERSONEN

Für eine Auflaufform von 20 x 25 cm:

150 g grüne Bohnen

1 Stange Lauch (etwa 200 g)

1 kleine gelbe Paprikaschote

300 g Fleischtomaten

2 Knoblauchzehen · 1 EL Olivenöl

2 TL italienische Würzmischung

Salz · Pfeffer

15 g Butter oder Margarine

25 g Weizenmehl Type 1050

1/4 l fettarme Milch

30 g frisch geriebener Parmesan

9 helle Lasagneblätter (135 g, ohne Vorkochen)

VORBEREITUNGSZEIT: 45 MIN.
BACKZEIT: 40 MIN.

Pro Person etwa:

26 g E/ 15 g F/ 72 g KH

535 kcal

BOHNEN, Lauchstange und Paprikaschote waschen, putzen und in sehr kleine Würfel schneiden. Tomaten überbrühen, häuten und würfeln. Knoblauch schälen.

LAUCH im Öl 5 Min. andünsten. Restliches Gemüse, zerdrückten Knoblauch und die Würzmischung unterrühren. Bei schwacher Hitze 15 Min. offen garen, bis alle Flüssigkeit verdunstet ist. Mit Salz und Pfeffer abschmecken.

BACKOFEN auf 200° vorheizen. Butter oder Margarine schmelzen lassen und das Mehl unter Rühren darin hellgelb anschwitzen. Nach und nach die Milch einrühren, bei schwacher Hitze zu einer glatten, sämigen Sauce einkochen lassen. Den Parmesan untermischen.

DIE Form dünn einfetten. 3 Lasagneblätter hineinlegen und mit der Hälfte der Gemüsemasse gleichmäßig bedecken. Weitere 3 Teigblätter darüber legen, übriges Gemüse aufstreichen. Mit den restlichen Lasagneblättern abdecken und mit der Sauce begießen. Lasagne im Ofen (untere Schiene; Umluft 180°) 35–40 Min. goldbraun backen.

DAZU schmeckt grüner Salat oder Eisbergsalat.

Kräutergnocchi

raffiniert • für Gäste

FÜR 2 PERSONEN

125 g körniger Frischkäse (20 % Fett i. Tr.)

2 EL grob gehacktes, frisches Basilikum

2 EL grob gehackte Petersilie

140 g Weizenmehl Type 1050

1 Ei · Salz

etwas Mehl zum Formen

2 EL frisch gehobelter Parmesan

ZUBEREITUNGSZEIT: 30 MIN.
KÜHLZEIT: 1 STD.

Pro Person etwa:

23 g E/ 7 g F/ 51 g KH

360 kcal

FRISCHKÄSE mit den gehackten Kräutern fein pürieren. Anschließend mit Mehl, Ei und Salz zu einem glatten und geschmeidigen Teig verkneten. In Folie einwickeln und mindestens 1 Std. im Kühlschrank ruhen lassen.

IN einem großen Topf reichlich Salzwasser zum Kochen bringen. Aus dem Teig auf einem leicht bemehlten Brett eine etwa daumendicke Rolle formen und davon 1,5 cm lange Stücke abschneiden. Diese mit einem bemehlten Gabelrücken etwas flach drücken.

GNOCCHI in das kochende Salzwasser geben und 3–5 Min. bei schwacher Hitze ziehen lassen, bis sie an die Oberfläche kommen. Durch ein Sieb abschütten und gut abtropfen lassen. Zum Servieren mit gehobeltem Parmesan bestreuen.

DAZU schmeckt grüner Blattsalat mit einer kräftigen Balsamicosauce (Seite 38). Zusätzlich können Sie eine schnelle Tomatensauce (Seite 84) zu den Kräutergnocchi reichen.

Kässpätzle

Klassiker • aus Schwaben

FÜR 2 PERSONEN

250 g Weizenmehl Type 1050

2 Eier

Salz

75 g Gouda (30 % Fett i.Tr.)

1 Zwiebel

10 g Butter oder Margarine

ZUBEREITUNGSZEIT: 30 MIN.

Pro Person etwa:

33 g E/ 19 g F/ 87 g KH

660 kcal

MEHL, Eier und Salz mit dem Handrührgerät zu einem Teig verarbeiten. Nach und nach etwa 1/8 l Wasser dazugießen, bis der Teig dickflüssig ist und Blasen wirft. Den Teig zugedeckt etwas ruhen lassen.

WÄHRENDDESSEN in einem großen, weiten Topf reichlich Salzwasser zum Kochen bringen. Den Käse reiben, die Zwiebel schälen und in dünne Ringe schneiden.

DEN Teig entweder durch ein Spätzlesieb oder einen Spätzlehobel in das kochende Wasser drücken. Ohne Spezialgerät müssen Sie auf die »traditionelle« Methode zurückgreifen: Ein Holzbrett mit Wasser befeuchten. Jeweils 1–2 EL Teig auf den Brettrand geben und mit einem nassen Messer kleine Streifen in das Wasser schaben. Spätzle 10 Min. sanft kochen lassen.

INZWISCHEN die Zwiebelringe in einer beschichteten Pfanne in der Butter oder Margarine goldgelb bräunen.

SPÄTZLE durch ein Sieb abschütten, gut abtropfen lassen, mit Käse bestreuen und die gerösteten Zwiebelringe darauf verteilen.

DAZU schmeckt ein Salat aus 1 kleinen, dünn gehobelten Gurke, vermischt mit 150 g fettarmem Joghurt, 1 zerdrückten Knoblauchzehe, 1 Spritzer Zitronensaft, Salz und Pfeffer.

Gemüsebolognese

läßt sich gut auf Vorrat zubereiten

Für 4 Portionen

100 g Möhren

100 g Kohlrabi

100 g Knollensellerie

100 g Lauch

3 große Fleischtomaten (etwa 300 g)

1 Knoblauchzehe

1 mittelgroße Zwiebel

1 EL Olivenöl

2–3 EL Tomatenmark

3 TL italienische Kräutermischung

Salz · Pfeffer

Zubereitungszeit: 40 Min.

Pro Portion etwa:

3 g E/ 4 g F/ 9 g KH

90 kcal

Möhren, Kohlrabi und Sellerie waschen, schälen und in feine Würfel schneiden oder mit dem Blitzhacker hacken. Den Lauch putzen, längs halbieren, gründlich waschen und in dünne Ringe schneiden. Die Tomaten überbrühen, häuten und grob würfeln, dabei die Stielansätze entfernen.

Knoblauch und Zwiebel schälen. Zwiebel fein würfeln und in einer schweren Pfanne im Olivenöl glasig werden lassen. Gemüse dazugeben und unter Rühren 2 Min. braten. Tomatenmark und die zerdrückte Knoblauchzehe hinzufügen und kurz mitbraten. Die Sauce würzen und offen unter gelegentlichem Rühren in etwa 15 Min. dicklich einköcheln lassen, abschmecken.

Die Gemüsebolognese paßt zu allen Nudeln, besonders gut zu Spaghetti. Sie schmeckt aber auch zu Pellkartoffeln, gegrilltem Fleisch und Fisch. Die Sauce können Sie mit frischen Kräutern verfeinern oder die Zutaten nach Jahreszeit und Lust verändern.

In einem gut verschlossenen Glas läßt sich die Gemüsebolognese im Kühlschrank etwa 1 Woche aufbewahren. Die Sauce eignet sich auch gut zum Einfrieren.

Rotes Paprika-Sugo

FÜR 4 PORTIONEN

500 g rote Paprikaschoten
1 mittelgroße Zwiebel · 1 Knoblauchzehe
1 EL Öl · Salz · Pfeffer
1 TL Paprikapulver, rosenscharf
Tabasco · Zitronensaft

ZUBEREITUNGSZEIT: 1 STD.
Pro Portion etwa:
2 g E / 4 g F / 8 g KH
80 kcal

scharf • für den Vorrat

BACKOFEN auf 250° vorheizen. Paprikaschoten waschen, halbieren und entkernen. Mit der Haut nach unten auf ein Backblech legen, im Ofen 25 Min. backen. Herausnehmen und 5 Min. mit einem feuchten Küchentuch abdecken. Die Haut abziehen und das Fruchtfleisch in Streifen schneiden.

ZWIEBEL und Knoblauch schälen, Zwiebel in Ringe schneiden und im Öl glasig dünsten. Paprikastreifen und zerdrückte Knoblauchzehe mitdünsten. 1/8 l Wasser angießen, salzen, pfeffern und mit 1–2 Spritzern Tabasco und Paprikapulver scharf würzen. 5 Min. bei kleiner Hitze einkochen lassen. Sugo pürieren und mit Zitronensaft abschmecken.

Gelbes Paprika-Sugo

FÜR 4 PORTIONEN

500 g gelbe Paprikaschoten
1 mittelgroße Zwiebel · 1 Knoblauchzehe
1 EL Öl · Salz · Pfeffer · 1 Briefchen Safran
2 TL frisch geriebener Ingwer · Zitronensaft

ZUBEREITUNGSZEIT: 1 STD.
Pro Portion etwa:
2 g E / 4 g F / 8 g KH
80 kcal

mild • gelingt leicht

DIE Zubereitung ist dieselbe wie beim roten Paprika-Sugo. Safran und Ingwer werden mit dem Wasser zugegeben.

BESONDERS apart sieht diese Sauce zu grünen oder schwarzen Nudeln aus. Sie paßt auch gut zu Wildreis und kann mit 1 TL gehackten Pinienkernen verfeinert werden (macht etwa 6 g Fett mehr).

Pfifferlingsauce

83

FÜR 2 PORTIONEN

250 g Pfifferlinge · 2 Schalotten

15 g Butter oder Margarine

10 g Mehl · Salz · Pfeffer

1/2 TL Kümmel · 1 EL saure Sahne

1 EL gehackte Petersilie

ZUBEREITUNSGSZEIT: 20 MIN.

Pro Portion etwa:

4 g E/ 8 g F/ 8 g KH

120 kcal

schmeckt nur ganz frisch

PFIFFERLINGE putzen und mit einer weichen Bürste von Erdresten säubern. Größere Pilze halbieren. Die Schalotten schälen und in kleine Würfel schneiden.

IN einer Pfanne das Fett erhitzen. Schalotten und Pfifferlinge darin unter gelegentlichem Rühren so lange dünsten, bis die Pilze keine Flüssigkeit mehr abgeben.

MEHL mit 1–2 EL Wasser glatt rühren, untermischen, würzen und alles 2–3 Min. köcheln lassen. Bei schwacher Hitze vorsichtig die saure Sahne untermischen und mit Petersilie bestreuen.

Thunfischsauce

FÜR 2 PORTIONEN

350 g reife Tomaten

2 Knoblauchzehen

1/2 frische rote Peperoni · 1 EL Olivenöl

1 EL Kapern · Salz · Pfeffer

1 Dose Thunfisch naturell (150 g Inhalt)

ZUBEREITUNGSZEIT: 15 MIN.

Pro Portion etwa:

15 g E/ 17 g F/ 8 g KH

250 kcal

gelingt leicht • schnell

TOMATEN überbrühen, häuten, quer halbieren, entkernen und das Fruchtfleisch würfeln. Knoblauch schälen und durchpressen. Peperoni entkernen, fein hacken. Das Öl erhitzen, Knoblauch und Peperoni darin kurz anbraten, Tomatenwürfel, Kapern, Salz und Pfeffer dazugeben und alles etwa 3 Min. köcheln lassen, die Tomatenwürfel sollen nicht ganz verkocht sein.

THUNFISCH in einem Sieb abtropfen lassen, in grobe Stücke zerteilen, unterrühren und in der Sauce kurz erhitzen.

Schnelle Tomatensauce

preiswert • gelingt leicht

FÜR 2 PORTIONEN

3–4 Fleischtomaten (etwa 250 g)

2 Schalotten

1 TL Olivenöl

Salz · Pfeffer

ZUBEREITUNGSZEIT: 15 MIN.

Pro Portion etwa:

1 g E / 3 g F / 4 g KH

50 kcal

TOMATEN überbrühen, kalt abschrecken, häuten und quer halbieren. Stielansatz und Kerne entfernen. Das Fruchtfleisch in Würfel schneiden.

SCHALOTTEN schälen, fein hacken und im heißen Öl anbraten. Tomatenwürfel dazugeben und 5 Min. dünsten, bis etwa die Hälfte der Flüssigkeit verdampft ist. Die Sauce mit Salz und Pfeffer abschmecken.

Salsa all'arrabiata

scharf • aus Italien

FÜR 2 PORTIONEN

400 g reife Tomaten · 1 frische rote Peperoni

2 Knoblauchzehen · 1 Schalotte

100 g gekochter Schinken · 1 EL Olivenöl

1 EL Tomatenmark · Salz · 1 TL Zucker

ZUBEREITUNGSZEIT: 25 MIN.

Pro Portion etwa:

13 g E / 10 g F / 11 g KH

190 kcal

TOMATEN überbrühen, häuten, entkernen und klein würfeln. Peperoni putzen, in feine Streifen schneiden. Knoblauch und Schalotte schälen, fein hacken. Den Schinken ohne Fettrand in dünne Streifen schneiden.

KNOBLAUCH und Schalotte im Öl kurz anbraten, Schinken hinzufügen und mitbraten, bis er knusprig ist. Tomatenmark und Tomatenwürfel unterrühren. Mit Salz und Zucker abschmecken und in 8–10 Min. sämig einköcheln lassen. Mit Penne servieren.

GEMÜSE UND HÜLSENFRÜCHTE*

»JE bunter, desto besser« – ist die Devise. Neben wichtigen Vitaminen, Mineralstoffen und Spurenelementen sind es die Schutzstoffe im Gemüse, die es so gesund machen, weil sie Infektionen und Tumoren vorbeugen. Zu den Schutzstoffen gehören die Ballaststoffe ebenso wie die sekundären Pflanzenstoffe, zu denen unter anderem Farb- und Geschmacksstoffe zählen.

DA Gemüse, abgesehen von Kartoffeln und Erbsen, wenig Kohlenhydrate enthalten, sollten Sie Getreideprodukte wie Reis, Hirse oder Vollkornbrot dazu essen.

LINSEN, Bohnen und getrocknete Erbsen, früher als Arme-Leute-Essen verschmäht, sind jetzt wieder »in«. Und das ganz zu Recht. Enthalten die Hülsenfrüchte doch jede Menge wertvolles Eiweiß. Zudem sind sie reich an Kohlenhydraten und spielen deshalb eine Hauptrolle bei der vitalen Ernährung. Ideale Begleiter zu einer Mahlzeit mit Hülsenfrüchten sind Vollkornprodukte.

Kartoffelgulasch

deftig • preiswert

FÜR 2 PERSONEN

500 g Kartoffeln · 2 Knoblauchzehen

1 große Zwiebel · 1/2 frische rote Peperoni

1 EL Öl · 1 Spritzer Essig · Salz

2 TL Paprikapulver, rosenscharf

1/2 TL Kümmel · 1 TL getrockneter Majoran

ZUBEREITUNGSZEIT: 55 MIN.

Pro Person etwa:

7 g E/ 9 g F/ 43 g KH

285 kcal

KARTOFFELN schälen, waschen und längs in Spalten schneiden. Knoblauch, Zwiebel und Peperoni putzen, fein würfeln und im Öl glasig dünsten. Mit 1/4 l Wasser und Essig ablöschen, Kartoffeln und die Gewürze hinzufügen. Eventuell etwas Wasser nachgießen, so daß die Kartoffeln gerade bedeckt sind. Das Gulasch zugedeckt 30 Min. sanft köcheln lassen. Nach Möglichkeit nicht umrühren, sondern den Topf hin und wieder sanft rütteln.

KURZ vor Garzeitende können Sie 200 g gewürfelte Geflügelwurst dazugeben. Dadurch erhöht sich der Fettanteil um 5 g pro Portion.

88

Himmel und Erde

Hausmannskost • aus der Eifel

FÜR 2 PERSONEN

500 g Kartoffeln · 1/4 l Gemüsebrühe

2 säuerliche Äpfel · 100 g gekochter Schinken

1 große Zwiebel · Salz · Pfeffer

1–2 EL Weißweinessig

1–2 EL Weißweinessig · 1 EL Öl

ZUBEREITUNGSZEIT: 40 MIN.

Pro Person etwa:

17 g E/ 13 g F/ 59 g KH

430 kcal

KARTOFFELN schälen, waschen, grob würfeln und in der Brühe 10 Min. kochen.

ÄPFEL schälen, entkernen und groß würfeln. Schinken ohne Fettrand streifig schneiden, Zwiebel schälen und in feine Ringe schneiden.

ÄPFEL zu den Kartoffeln geben und 5 Min. mitgaren.

ZWIEBEL und Schinken im Öl knusprig braten, über das Kartoffel-Apfel-Gemisch geben.

Dicke Bohnen

preiswert • aus dem Rheinland

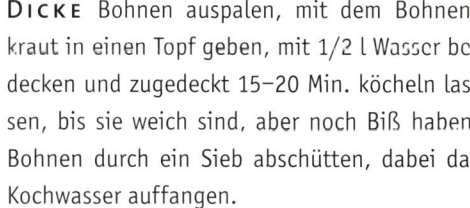

FÜR 2 PERSONEN

1 kg dicke Bohnen

1 Zweig Bohnenkraut

100 g gekochter Schinken

1 große Zwiebel

1 EL Sonnenblumenöl

1 TL Zucker

1 TL getrockneter Thymian

2–3 EL Weißweinessig

Salz · Pfeffer

50 g saure Sahne

2 EL Mehl

2 EL Schnittlauchröllchen

ZUBEREITUNGSZEIT: 1 STD.

Pro Person etwa:

24 g E/ 14 g F/ 34 g KH

360 kcal

DICKE Bohnen auspalen, mit dem Bohnenkraut in einen Topf geben, mit 1/2 l Wasser bedecken und zugedeckt 15–20 Min. köcheln lassen, bis sie weich sind, aber noch Biß haben. Bohnen durch ein Sieb abschütten, dabei das Kochwasser auffangen.

DEN Schinken ohne Fettrand in Streifen schneiden. Die Zwiebel schälen und grob würfeln. In einer schweren, hohen Pfanne das Öl erhitzen, die Zwiebel darin glasig dünsten. Den Zucker einstreuen und unter ständigem Rühren braun werden lassen. Mit 1/8 l Bohnenkochwasser ablöschen und mit Thymian, Essig, Salz und Pfeffer würzen. Die Schinkenstreifen hinzufügen und alles noch kurz bei schwacher Hitze zugedeckt köcheln lassen, bis die Zwiebelwürfel weich sind.

BOHNEN untermischen und mit soviel Kochwasser auffüllen, daß sie gerade bedeckt sind. Saure Sahne mit Mehl glatt rühren, unter das Gemüse mischen und alles zusammen noch etwa 10 Min. köcheln lassen. Abschmecken und mit Schnittlauch bestreut servieren.

DAZU schmecken frische Roggenbrötchen und ein kühles Bier.

Currybohnen mit Rosinen

90

raffiniert • schnell

FÜR 2 PERSONEN

500 g Schnittbohnen · 1 mittelgroße Kartoffel

Salz · 1 Zwiebel

10 g Butter · 1/8 l Gemüsebrühe

1 EL Currypulver · 150 g Magerjoghurt

1 TL Speisestärke

30 g Rosinen · Pfeffer

ZUBEREITUNGSZEIT: 25 MIN.

Pro Person etwa:

10 g E/ 9 g F/ 43 g KH

300 kcal

BOHNEN putzen, waschen und schräg in 1,5 cm breite Streifen schneiden. Kartoffel schälen und würfeln. Beides in wenig Salzwasser zugedeckt in 15 Min. bißfest kochen.

FÜR die Sauce die Zwiebel hacken, im Fett glasig dünsten. Brühe und Currypulver hinzufügen. Joghurt und Speisestärke glatt rühren, untermischen. Rosinen dazugeben und alles 5 Min. köcheln lassen. Kräftig salzen und pfeffern.

BOHNEN abschütten, gut abtropfen lassen und unter die Sauce heben. Sofort servieren.

Feurige Möhren

sehr scharf • preiswert

FÜR 2 PERSONEN

350 g Möhren · 2 frische grüne Peperoni

1 Zwiebel · 1 EL Sesamöl

20 g gehackte Mandeln

100 g Hirse · 1/4 l Gemüsebrühe

2 EL Rosinen · Salz · Cayennepfeffer

150 g Magerjoghurt · 1 Knoblauchzehe

ZUBEREITUNGSZEIT: 50 MIN.

Pro Person etwa:

13 g E/ 18 g F/ 57 g KH

445 kcal

ALLE Gemüse putzen. Möhren in 1/2 cm dicke Scheiben schneiden, Peperoni und Zwiebel fein würfeln. Öl erhitzen, Zwiebel, Peperoni und Mandeln 3 Min. darin anbraten. Möhren dazugeben und 2 Min. mitbraten.

HIRSE kalt abspülen, mit der Brühe und den Rosinen zu den Möhren geben. Würzen und zugedeckt bei schwacher Hitze in 25 Min. ausquellen lassen.

JOGHURT mit Salz und durchgepreßtem Knoblauch verrühren, zu den Möhren servieren.

Blumenkohlpudding

etwas aufwendiger • preiswert

FÜR 2 PERSONEN

Für eine Puddingform mit 1,5 l Inhalt:

25 g Butter oder Margarine

60 g Mehl

1/4 l fettarme Milch

Salz · Pfeffer

1–2 Msp. geriebene Muskatnuß

1–2 TL Zitronensaft

1 kleiner Blumenkohl (etwa 500 g)

1 Ei

50 g Grieß

etwas Fett für die Form

10 g Semmelbrösel

VORBEREITUNGSZEIT: 30 MIN.
KOCHZEIT: 1 STD.

Pro Person etwa:

18 g E/ 17 g F/ 52 g KH

440 kcal

FÜR die Béchamelsauce Butter oder Margarine in einem kleinen Topf erhitzen, das Mehl darin goldgelb anschwitzen. Die Milch kräftig einrühren, so daß keine Klümpchen entstehen. Sauce mit Salz, Pfeffer, Muskat und Zitronensaft abschmecken, 5 Min. köcheln, beiseite stellen und abkühlen lassen.

IN der Zwischenzeit den Blumenkohl putzen und in kleine Röschen teilen, sie sollten etwa 300 g ergeben. Blumenkohlröschen in Salzwasser in 8–10 Min. bißfest kochen. Abgießen und gut abtropfen lassen.

DAS Ei trennen. Eiweiß zu sehr steifem Schnee schlagen. Nacheinander Eigelb und Grieß in die abgekühlte Sauce rühren, den Eischnee unterheben. Zuletzt den Blumenkohl hinzufügen.

EINE Puddingform sorgfältig, aber dünn einfetten und mit Semmelbröseln ausstreuen. Blumenkohlmasse einfüllen, etwas andrücken und die Form verschließen. In einen großen Topf setzen, mit Wasser zu zwei Drittel der Höhe auffüllen. Aufkochen und zugedeckt bei simmerndem Wasser 1 Std. garen.

DIE Form aus dem Wasserbad nehmen, etwas abkühlen lassen und den Blumenkohlpudding vorsichtig stürzen.

DAZU paßt eine Joghurt-Kresse-Sauce: 200 g Magerjoghurt mit 1 EL scharfem Senf, Salz, Pfeffer und 2 Kästchen Kresse vermischen.

Sauerkrautauflauf

deftig • raffiniert

FÜR 2 PERSONEN

Für eine Auflaufform mit 1,5 l Inhalt:
1 Zwiebel · 1 EL Öl
250 g Sauerkraut · 1 Lorbeerblatt
2 Wacholderbeeren · 1/2 TL Kümmel
400 g Kartoffeln
200 g Schweinefiletspitzen
Salz · Pfeffer
150 g grüne und blaue Weintrauben
200 ml fettarme Milch
1–2 Msp. geriebene Muskatnuß
etwas Fett für die Form
2 EL Semmelbrösel

VORBEREITUNGSZEIT: 50 MIN.
BACKZEIT: 20 MIN.

Pro Person etwa:
41 g E/ 19 g F/ 60 g KH
590 kcal

ZWIEBEL schälen, in dünne Ringe schneiden und in 1/2 EL Öl glasig dünsten. Sauerkraut zerpflücken, mit Lorbeerblatt, zerdrückten Wacholderbeeren, Kümmel und 1/8 l Wasser zur Zwiebel geben, alles 30 Min. offen kocheln lassen, bis die Flüssigkeit verdunstet ist.

KARTOFFELN schälen, waschen, würfeln und 15–20 Min. in Salzwasser kochen.

IN der Zwischenzeit das Schweinefilet in dünne Scheiben schneiden, salzen, pfeffern und im restlichen Öl scharf anbraten. Herausnehmen, beiseite stellen und den Bratensatz mit etwas Wasser loskochen, zum Sauerkraut geben.

BACKOFEN auf 200° vorheizen. Die Weintrauben waschen, häuten, halbieren und entkernen. Kartoffeln abschütten, zerdrücken, mit heißer Milch zu Püree verrühren und mit Salz und Muskat abschmecken.

EINE Auflaufform leicht einfetten, die Hälfte des Kartoffelpürees einfüllen, darauf die Hälfte des Sauerkrauts und die Filetscheiben legen. Restliches Püree und übriges Sauerkraut einschichten. Trauben obenauf verteilen, mit Semmelbröseln bestreuen. Den Sauerkrautauflauf im Ofen (Mitte; Umluft 180°) in 20 Min. goldbraun backen.

DAZU paßt Blattsalat und gut gekühltes Bier.

Gefüllte Paprikaschoten

herzhaft • läßt sich gut vorbereiten

FÜR 2 PERSONEN

500 g reife Tomaten

2 Zwiebeln · 1 EL Öl

1 gehäufter EL Mehl

Salz · Pfeffer

1 EL Zucker

1 Spritzer Essig

150 g Rinderhackfleisch

1 EL gehackte Petersilie

1 Knoblauchzehe

1 TL getrockneter Majoran

100 g Naturreis

1 Ei

4 Paprikaschoten zu je 100 g

VORBEREITUNGSZEIT: 45 MIN.
GARZEIT: 35 MIN.

Pro Person etwa:
24 g E/ 20 g F/ 68 g KH
550 kcal

FÜR die Tomatensauce die Tomaten waschen und vierteln. 1 Zwiebel schälen, in Ringe schneiden und im Öl andünsten. Mit Mehl bestäuben, Tomatenstücke und 1/8 l Wasser hinzufügen, mit Salz, Pfeffer, Zucker und Essig würzen. Zugedeckt bei schwacher Hitze 20 Min. schmoren lassen.

IN der Zwischenzeit für die Füllung die übrige Zwiebel schälen, fein würfeln und mit Hackfleisch, Petersilie, durchgepreßtem Knoblauch, Majoran, gewaschenem Reis und dem Ei gründlich vermischen, abschmecken.

VON den Paprikaschoten jeweils einen Deckel abschneiden, vorsichtig Kerngehäuse und dicke Rippen entfernen. Die Schoten waschen, trockentupfen und füllen.

TOMATENSAUCE durch ein Sieb (»Flotte Lotte«) passieren. Wenn Sie die Tomaten im Mixer pürieren wollen, sollten Sie sie vor dem Schmoren häuten.

GEFÜLLTE Paprikaschoten nebeneinander in einen kleinen hohen Topf stellen, mit Tomatensauce umgießen und zugedeckt bei schwacher Hitze 35 Min. sanft kochen lassen.

WENN Sie keine reifen Tomaten bekommen, können Sie die Paprikaschoten auch in einer fertigen Tomatensauce kochen, die mit Zucker und etwas Essig abgeschmeckt wird.

94

Wirsingrouladen

96

preiswert • braucht etwas Zeit

FÜR 2 PERSONEN

2 Zwiebeln

1 1/2 EL Öl

60 g Naturreis

3/8 l Gemüsebrühe

1 kleiner Wirsing (etwa 500 g)

1 Fleischtomate

25 g frisch geriebener Gouda (30 % Fett i.Tr.)

Salz · Pfeffer

1–2 Msp. geriebene Muskatnuß

150 g saure Sahne

1 EL Speisestärke

Zahnstocher zum Fixieren

VORBEREITUNGSZEIT: 55 MIN.
BACKZEIT: 20 MIN.

Pro Person etwa:

19 g E/ 17 g F/ 46 g KH

420 kcal

FÜR die Füllung die Zwiebeln schälen, fein würfeln und die Hälfte davon in 1/2 EL Öl andünsten. Reis waschen, unterrühren, mit 1/8 l heißer Gemüsebrühe aufgießen und zugedeckt 15 Min. bei schwacher Hitze quellen lassen.

WIRSING von den äußeren Blättern befreien, 8 große Blätter abteilen, in eine Schüssel legen, mit kochendem Wasser überbrühen und 10 Min. darin ziehen lassen.

TOMATE vierteln. Zwei Drittel des Käses unter den Reis mischen, würzen. Je zwei gut abgetropfte Wirsingblätter übereinander legen, ein Viertel von der Reisfüllung und 1 Tomatenstück darauf legen, zusammenrollen und mit Zahnstochern fixieren.

RESTLICHEN Wirsing in Streifen schneiden, mit der übrigen Zwiebel in 1 EL Öl andünsten, mit 1/4 l Brühe aufgießen und mit Muskatnuß würzen. Rouladen darauf legen und zugedeckt 20 Min. dünsten. Inzwischen den Backofen auf 200° vorheizen.

ROULADEN herausnehmen, die saure Sahne zum Wirsinggemüse geben. Speisestärke mit etwas Wasser glatt rühren, in die Sauce gießen und einmal aufkochen lassen, abschmecken.

WIRSINGGEMÜSE in eine feuerfeste Form füllen, Rouladen darauf legen, mit dem restlichen Käse bestreuen und im Ofen (Mitte; Umluft 180°) 20 Min. überbacken.

Lauch-Linsen-Auflauf

preiswert • deftig

FÜR 2 PERSONEN

Für eine Auflaufform von 25 cm Länge:

100 g braune Linsen

1 Lorbeerblatt

1 Kartoffel (etwa 100 g)

1 mittelgroße Zwiebel

1 kleine Stange Lauch

10 g Butter oder Margarine

1 EL Mehl · 1/8 l fettarme Milch

100 g Geflügelwurst

1 EL Weißweinessig

1 TL scharfer Senf

Salz · Pfeffer

20 g frisch geriebener Gouda (30 % Fett i.Tr.)

VORBEREITUNGSZEIT: 45 MIN.
BACKZEIT: 30 MIN.

Pro Person etwa:

32 g E/ 13 g F/ 44 g KH

425 kcal

LINSEN verlesen, waschen und zusammen mit dem Lorbeerblatt in 1 l kaltem Wasser zugedeckt 30 Min. köcheln lassen.

INZWISCHEN die Kartoffel schälen, waschen und in 1 cm große Würfel schneiden. Zwiebel schälen, fein würfeln. Lauch putzen, längs halbieren, gründlich waschen und in feine Streifen schneiden.

ZWIEBEL in der Hälfte des Fetts andünsten, Lauch hinzufügen, 3 Min. mitdünsten und beiseite stellen. Den Backofen auf 200° vorheizen.

KARTOFFELWÜRFEL zu den Linsen geben und zusammen 15 Min. zugedeckt kochen. Das Mehl im übrigen Fett goldbraun rösten, langsam mit Milch aufgießen und unter ständigem Rühren mit einem Schneebesen zu einer sämigen Béchamelsauce einkochen lassen.

LINSEN und Kartoffel durch ein Sieb abschütten und zu der Zwiebel-Lauch-Mischung geben. Geflügelwurst würfeln, untermengen und die Masse mit Essig, Senf, Salz und Pfeffer würzen.

DIE Mischung in eine Auflaufform füllen, mit der Béchamelsauce überziehen und mit dem Käse bestreuen. Im Ofen (2. Schiene von unten; Umluft 180°) 30 Min. backen.

DAZU schmeckt Tomatensalat mit Senf-Marinade (Seite 39) und ein Vollkornbrötchen.

Toskanischer Bohneneintopf

raffiniert • etwas aufwendiger

98

FÜR 2 PERSONEN

200 g getrocknete weiße Bohnen

1 Lorbeerblatt

125 g frische oder 10 g getrocknete Steinpilze

4 große Fleischtomaten (etwa 400 g)

10 Salbeiblätter · 2 Knoblauchzehen

1 EL Olivenöl

1 EL Rotweinessig

1 EL Rüben- oder Ahornsirup

Salz · Pfeffer

EINWEICHZEIT: 8 STD.
ZUBEREITUNGSZEIT: 1 1/2 STD.

Pro Person etwa:

26 g E/ 10 g F/ 50 g KH

400 kcal

BOHNEN verlesen, waschen und 8 Std. in 1 l Wasser einweichen. Danach in ein Sieb gießen und abbrausen. Mit dem Lorbeerblatt in 1 l kaltem Wasser aufkochen und zugedeckt bei schwacher Hitze in 1-1 1/2 Std. weich kochen.

NACH etwa 1 Std. mit den übrigen Vorbereitungen beginnen: Frische Steinpilze putzen und in Scheiben schneiden oder die getrockneten Pilze 20 Min. in lauwarmem Wasser einweichen. Tomaten überbrühen, häuten, halbieren, entkernen und das Fruchtfleisch in kleine Würfel schneiden. Salbeiblätter waschen, die Hälfte davon streifig schneiden. Knoblauch schälen, zerdrücken und in einer Pfanne mit hohem Rand im heißen Öl anbraten. Vom Herd nehmen, Salbeistreifen unterrühren und im Knoblauchöl zugedeckt 10 Min. ziehen lassen.

IN einem flachen Topf Tomatenwürfel mit Essig und Sirup bei starker Hitze offen kochen lassen, bis die Flüssigkeit verdampft ist und die Tomaten zu einer Sauce zerkocht sind.

BOHNEN abgießen, mit den Pilzen zur Knoblauch-Salbei-Mischung geben. Die Tomatensauce unterrühren, mit Salz und Pfeffer würzen und alles bei schwacher Hitze 10 Min. durchziehen lassen. Restliche Salbeiblätter grob hacken und darüber streuen.

GENIESSEN Sie dazu ein Glas kräftigen italienischen Rotwein.

Kaninchenragout mit weißen Bohnen

gut vorzubereiten • für Gäste

FÜR 2 PERSONEN

200 g getrocknete weiße Bohnen

2 Kaninchenkeulen, küchenfertig vorbereitet

1 EL Olivenöl

1 große Möhre

1 mittelgroße Zwiebel

6 Knoblauchzehen

1/2 l Gemüsebrühe

je 1 Zweig frischer oder 1 TL getrockneter

Rosmarin und Thymian

1 Lorbeerblatt

Salz · Pfeffer

2 Fleischtomaten

2 EL gehackte Petersilie

EINWEICHZEIT: 8 STD.
ZUBEREITUNGSZEIT: 1 STD. 20 MIN.

Pro Person etwa:

47 g E/ 16 g F/ 54 g KH

560 kcal

WEISSE Bohnen verlesen, waschen und in 1 l Wasser 8 Std. einweichen. Danach in ein Sieb gießen, abbrausen und abtropfen lassen.

KANINCHENKEULEN im Gelenk durchtrennen und in einer Pfanne mit hohem Rand in heißem Olivenöl scharf anbraten.

MÖHRE schälen, waschen und in Scheiben schneiden. Zwiebel schälen, fein hacken, den Knoblauch ungeschält mit der flachen Seite auf ein Brett drücken, so daß die Schale platzt. Möhre, Zwiebel, Knoblauch und Bohnen zum Kaninchen geben, alles kurz durchrösten. Mit Brühe ablöschen und mit Rosmarin, Thymian, Lorbeerblatt, Salz und Pfeffer würzen. Aufkochen und zugedeckt bei schwacher Hitze mindestens 1 Std. schmoren lassen, bis die Bohnen weich sind. Falls nötig, etwas Gemüsebrühe nachgießen.

TOMATEN überbrühen, häuten, halbieren, entkernen und das Fruchtfleisch würfeln. Würfel mit der Petersilie 15 Min. vor Garzeitende zum Ragout geben.

DAZU geröstetes Knoblauchbrot und ein Glas spritzigen Prosecco reichen.

WIE viele Eintopfgerichte schmeckt auch dieses aufgewärmt beinahe noch besser. Sie können es in größerer Menge, zum Beispiel für Gäste, schon am Vortag zubereiten.

Kidneybohnen auf Sauerkraut

scharf • braucht etwas Zeit

FÜR 2 PERSONEN

200 g getrocknete Kidneybohnen

1 Zwiebel

1 TL Öl

500 g Sauerkraut

1/8 l trockener Weißwein

3 Wacholderbeeren

1 Lorbeerblatt

1 TL Kümmel

1 Kartoffel (etwa 100 g)

2 TL Paprikapulver, rosenscharf

1 TL getrockneter Thymian

1 TL getrockneter Majoran

2 EL Tomatenmark

4 EL saure Sahne

EINWEICHZEIT: 8 STD.
ZUBEREITUNGSZEIT: 1 STD. 45 MIN.

Pro Person etwa:

29 g E/ 8 g F/ 51 g KH

460 kcal

KIDNEYBOHNEN verlesen, waschen und in reichlich Wasser 8 Std. einweichen. Danach in ein Sieb gießen, abbrausen und in 1 l frischem Wasser zugedeckt bei schwacher Hitze in 1 1/2 Std. weich kochen.

NACH etwa 1 Std. mit den übrigen Vorbereitungen beginnen: Zwiebel schälen, in feine Ringe schneiden und im Öl anschwitzen. Sauerkraut auflockern, dazugeben und mit Wein und 1/4 l Wasser aufgießen. Mit Wacholderbeeren, Lorbeerblatt und Kümmel würzen. Kartoffel schälen, grob raspeln und hinzufügen. Alles zugedeckt bei mittlerer Hitze 20 Min. kochen.

BOHNEN durch ein Sieb abschütten, kalt abspülen und mit Paprikapulver, Thymian, Majoran und Tomatenmark zum Sauerkraut geben. Alles vermengen und zusammen noch zugedeckt 10–15 Min. garen. Vor dem Servieren die saure Sahne darauf verteilen.

WENN es mal schnell gehen soll, können Sie auch abgetropfte Kidneybohnen aus der Dose verwenden, dadurch verringert sich die Zubereitungszeit auf 45 Min.

GUT dazu schmecken Vollkornbrötchen.

Ingwerlinsen

asiatisch • preiswert

FÜR 2 PERSONEN

150 g rote Linsen

1 Lorbeerblatt

1 große Möhre

1 Bund Frühlingszwiebeln

175 g frischer Spinat (ersatzweise 100 g

tiefgekühlter Blattspinat)

1 EL Sesamöl

1–2 Knoblauchzehen

1 EL frisch geriebener Ingwer

1 EL geschälte Sesamkörner

2–3 EL helle Sojasauce

ZUBEREITUNGSZEIT: 30 MIN.

Pro Person etwa:

25 g E/ 14 g F/ 49 g KH

430 kcal

LINSEN verlesen, waschen und mit dem Lorbeerblatt in Wasser 10–12 Min. kochen, bis sie weich sind. Anschließend durch ein Sieb abgießen, mit kaltem Wasser abschrecken und gut abtropfen lassen.

MÖHRE und Frühlingszwiebeln putzen. Beides in 3 cm lange, sehr feine Streifen schneiden. Frischen Spinat waschen, putzen, abtropfen lassen und grob hacken.

IN einer schweren Pfanne mit hohem Rand das Öl erhitzen. Knoblauch schälen, zerdrücken, mit dem Ingwer im Öl kurz anbraten. Möhre und Frühlingszwiebeln dazugeben und unter ständigem Rühren 2–3 Min. mitbraten.

DEN Pfanneninhalt auf einen Teller geben und beiseite stellen. In derselben Pfanne den frischen Spinat so lange rühren, bis er zusammenfällt (wenn Sie Tiefkühlspinat verwenden, dünsten, bis die Flüssigkeit verdampft ist).

SESAMKÖRNER in einer kleinen beschichteten Pfanne ohne Fett goldbraun rösten.

ALLE Gemüse und die Linsen in die Pfanne geben und bei starker Hitze gut vermischen. Mit Sojasauce abschmecken und mit geröstetem Sesam bestreuen.

DIE Ingwerlinsen schmecken auch gut kalt als Salat, dann zusätzlich mit 2–3 EL Himbeeressig abschmecken.

Reis, Hirse und Co. *

*

EINE moderne Ernährungsweise kann auf die unscheinbaren Getreidekörnchen nicht verzichten, denn sie stecken voller Energie und wichtiger Inhaltsstoffe wie Vitamine, Mineral- und Ballaststoffe. Auch hochwertige, ungesättigte Fettsäuren und das Eiweiß machen das Getreide so wertvoll.

DAMIT alle Vorteile des Getreides genutzt werden können, sollten Sie sich immer für die Vollkornvariante entscheiden. So enthält Naturreis beispielsweise wesentlich mehr Wirkstoffe als der geschälte weiße Reis. Pro Portion benötigen Sie etwa 100 Gramm rohen Reis – der bringt Ihnen über 70 Gramm Kohlenhydrate bei nur 2,2 Gramm Fett.

AUCH andere Getreidekörner wie Weizen, Roggen, Gerste, Dinkel und Hirse haben mittlerweile ihren Weg aus den Naturkostläden in die Bio-Ecken der Supermärkte gefunden. Haben Sie also keine Scheu, immer wieder mal ein leckeres »Körnergericht« in Ihren ernährungsbewußten Speiseplan einzubauen.

Letschoreis

FÜR 2 PERSONEN

250 g reife Tomaten

je 1 rote und grüne Paprikaschote

1 frische rote Peperoni · 1 Zwiebel

2 Knoblauchzehen · 1 EL Öl

1 EL Paprikapulver, rosenscharf

Salz · Peffer · 150 g Naturreis

ZUBEREITUNGSZEIT: 1 STD.

Pro Person etwa:

9 g E/ 10 g F/ 68 g KH

410 kcal

Klassiker aus Ungarn • scharf

TOMATEN überbrühen, häuten und grob würfeln. Paprikaschoten waschen, putzen und in Streifen schneiden. Peperoni waschen, in feine Ringe schneiden. Zwiebel und Knoblauch schälen, in feine Scheibchen schneiden.

ZWIEBEL und Knoblauch im Öl anbraten, Tomaten, Paprikaschoten und Peperoni dazugeben. Paprikapulver unterrühren, 1/2 l Wasser angießen, salzen und pfeffern.

REIS waschen, dazugeben und alles zugedeckt bei schwacher Hitze 40 Min. dünsten. Anschließend ohne Deckel 5 Min. ausdampfen lassen.

Serbisches Reisfleisch

FÜR 2 PERSONEN

1 Zwiebel · 1 EL Öl · 200 g Putengulasch

1 EL Paprikapulver, rosenscharf

1 EL Tomatenmark · 1/2 TL Kümmel

1 Knoblauchzehe · 150 g Naturreis

2 EL frisch geriebener Gouda (30 % Fett i.Tr.)

ZUBEREITUNGSZEIT: 50 MIN.

Pro Person etwa:

35 g E/ 12 g F/ 63 g KH

505 kcal

scharf • deftig

ZWIEBEL schälen, in feine Ringe schneiden und im Öl glasig dünsten. Fleisch hinzufügen und 4 Min. kräftig anbraten. 3 EL Wasser, Gewürze und den zerdrückten Knoblauch unterrühren, alles zugedeckt 10 Min. dünsten.

REIS waschen und dazugeben. 1/2 l Wasser angießen, zugedeckt bei schwacher Hitze 30 Min. garen, dabei für die letzten 5 Min. den Deckel abnehmen.

REISFLEISCH in eine Schöpfkelle pressen, je 2 Halbkugeln auf Teller setzen und mit Käse bestreuen.

Camarguereis mit Mozzarella und Tomaten

würzig • schmeckt auch kalt

FÜR 2 PERSONEN

200 g roter Camarguereis

1/4 l Gemüsebrühe

150 g Cocktailtomaten · 100 g Mozzarella

150 g Frischkäse (20 % Fett i. Tr.)

2–3 EL fettarme Milch

2 EL gehackte Zitronenmelisse

Salz · Pfeffer

ZUBEREITUNGSZEIT: 1 STD.

Pro Person etwa:

28 g E/ 14 g F/ 83 KH

580 kcal

REIS waschen, in der Gemüsebrühe aufkochen und zugedeckt bei schwacher Hitze 40 Min. garen, bis er die Flüssigkeit aufgesogen hat.

TOMATEN waschen und halbieren, Mozzarella würfeln und beides vermengen. Frischkäse mit Milch glatt rühren, Zitronenmelisse hinzufügen und kräftig mit Salz und Pfeffer würzen.

REIS einmal durchrühren und 5 Min. offen ausdampfen lassen. Die Frischkäsemischung unterheben. Reis ringförmig anrichten, Mozzarella und Tomaten in die Mitte setzen.

Basmatireis mit Gurke

schnell • gelingt leicht

FÜR 2 PERSONEN

150 g Basmatireis · 300 g Salatgurke

50 g magerer, geräucherter Schinken

1 Schalotte · 10 g Butter

100 g Pfifferlinge oder Champignons

Salz · Pfeffer

ZUBEREITUNGSZEIT: 20 MIN.

Pro Person etwa:

12 g E/ 7 g F/ 62 KH

360 kcal

REIS waschen, in 300 ml Wasser aufkochen und zugedeckt bei schwacher Hitze 10 Min. quellen lassen, bis er die Flüssigkeit aufgesogen hat.

GURKE schälen, längs vierteln, entkernen und in dicke Scheiben schneiden. Schinken würfeln, Schalotte schälen, würfeln und mit dem Schinken im Fett andünsten. Pilze putzen, halbieren und mitdünsten, bis sie keine Flüssigkeit mehr abgeben. Gurkenscheiben unterrühren, heiß werden lassen. Alles unter den Reis mengen, salzen und pfeffern.

Spargelrisotto

braucht etwas Zeit • für Gäste

FÜR 2 PERSONEN

15 g getrocknete Stein- oder Butterpilze

300 g weißer oder grüner Spargel

Salz · 600 ml Gemüsebrühe

1 Briefchen Safran

1 Schalotte · 1 Knoblauchzehe

10 g Butter oder Margarine

200 g Risottoreis (z. B. Arborio, Carnaroli)

100 ml trockener Weißwein

Pfeffer

ZUBEREITUNGSZEIT: 1 STD. 10 MIN.

Pro Person etwa:

13 g E/ 13 g F/ 84 g KH

540 kcal

GETROCKNETE Pilze etwa 10 Min. in 100 ml lauwarmem Wasser einweichen. Weiße Spargelstangen ganz, grüne nur im unteren Drittel schälen, holzige Enden abschneiden. Spargel in 2–3 cm lange Stücke schneiden und in kochendem Salzwasser 5 Min. blanchieren. Durch ein Sieb abschütten, mit kaltem Wasser abschrecken und beiseite stellen.

GEMÜSEBRÜHE in einem Topf erhitzen und warm halten. Safranfäden in 2 EL der heißen Brühe auflösen.

SCHALOTTE und Knoblauch schälen, fein hacken. Butter oder Margarine in einem breiten, flachen Topf erhitzen. Knoblauch und Schalotte darin hellgelb andünsten. Reis waschen, hinzufügen und unter Rühren 3 Min. glasig dünsten.

REIS mit Wein ablöschen, Pilze samt Einweichwasser und den Safran dazugeben. Die Flüssigkeit unter Rühren völlig einkochen lassen. Anschließend soviel heiße Brühe dazugießen, daß der Reis gerade davon bedeckt ist. Unter ständigem Rühren leicht brodelnd kochen lassen, bis die Flüssigkeit fast verdampft ist. Diesen Vorgang wiederholen, bis der Reis gar ist, das dauert je nach Reissorte 20–25 Min. Der Risotto soll weich und cremig sein.

ZUM Schluß die Spargelstücke unterheben, den Risotto mit Salz und Pfeffer würzen.

Kedgeree von Pilzen

orientalisch • etwas teurer

FÜR 2 PERSONEN

450 ml Gemüsebrühe

150 g frische Pilze (z.B. Steinpilze, Pfifferlinge)

1 kleine Zwiebel · 1 kleine Möhre

10 g Butter oder Margarine

150 g Naturreis

1 Briefchen Safran

1 Kartoffel (etwa 100 g)

225 ml fettarme Milch

1 TL Currypulver

Salz · Pfeffer

1 EL saure Sahne

1 Knoblauchzehe

2 EL gehackte Petersilie

ZUBEREITUNGSZEIT: 55 MIN.

Pro Person etwa:

14 g E/ 12 g F/ 77 g KH

480 kcal

GEMÜSEBRÜHE erhitzen. Pilze putzen und je nach Sorte in dicke Scheiben schneiden oder halbieren. Zwiebel schälen, fein würfeln, Möhre schälen und in feine Streifen schneiden.

FETT in einer schweren Pfanne zergehen lassen, die Zwiebel darin andünsten und die Hälfte davon in einen anderen, großen Topf geben.

REIS waschen, in den Topf füllen. Brühe und Safran hinzufügen, einmal aufkochen und bei schwacher Hitze 25 Min. zugedeckt quellen lassen.

PILZE und Möhre zu den übrigen Zwiebelwürfeln in die Pfanne geben und braten, bis sie keinen Saft mehr abgeben, vom Herd nehmen. Die Kartoffel schälen und grob über die Pilze raspeln. Milch, Currypulver, Salz, Pfeffer und saure Sahne unterrühren. Knoblauch schälen und dazudrücken. Alles 15 Min. bei schwacher Hitze leicht kochen lassen, bis die Flüssigkeit eingedickt ist, abschmecken.

REIS ringförmig auf einer vorgewärmten Platte anrichten, die Pilze in die Mitte füllen und mit Petersilie bestreuen.

KEDGEREE ist vom Ursprung her ein ostindisches Fischragout, das aber ebensogut schmeckt, wenn man es nur mit Gemüse und Pilzen zubereitet.

Kreolische Reispfanne

exotisch • raffiniert

FÜR 2 PERSONEN

1 mittelgroße Zwiebel

1 Knoblauchzehe

1 1/2 EL Sesamöl

100 g Naturreis

25 g Wildreis

1/4 l Gemüsebrühe

Salz · Pfeffer

1 mittelgroßer Apfel

1 kleine rote Paprikaschote

150 g grüne Weintrauben

1 Pfirsich

200 g Schweinefilet

ZUBEREITUNGSZEIT: 1 STD.

Pro Person etwa:

36 g E/ 19 g F/ 76 g KH

620 kcal

ZWIEBEL und Knoblauch schälen, fein hacken und in 1/2 EL Öl glasig dünsten. Beide Reissorten waschen, dazugeben und kurz andünsten. Mit Brühe ablöschen, salzen, pfeffern und den Reis zugedeckt bei schwacher Hitze 40 Min. quellen lassen.

IN der Zwischenzeit den Apfel schälen, entkernen und 1/2 cm groß würfeln. Paprikaschote waschen, vierteln, entkernen und in feine Streifen schneiden. Weintrauben waschen, häuten, halbieren, entkernen. Den Pfirsich überbrühen, häuten und in feine Spalten schneiden.

IN einer schweren Pfanne 1 EL Öl erhitzen, das Schweinefilet darin rundherum 15 Min. anbraten, salzen und pfeffern. Herausheben und in Alufolie gewickelt 15 Min. ruhen lassen.

IM verbliebenen Bratfett zuerst Apfelwürfel und Paprikastreifen 3 Min. andünsten, dann die Weintrauben und Pfirsichspalten dazugeben und heiß werden lassen.

DIE Reismischung unterrühren, alles zusammen noch zugedeckt 5 Min. bei schwacher Hitze ziehen lassen. Schweinefilet in Scheiben schneiden und auf der Reispfanne verteilen.

SIE können anstelle von Schweinefilet auch anderes mageres Fleisch verwenden. Selbst ohne Fleisch schmeckt diese Mischung aus Reis und Früchten hervorragend.

Orangenreis

exotisch • erfrischend

114

FÜR 2 PERSONEN

1 mittelgroße Zwiebel

1 große Möhre

4 Orangen

1 EL Sesamöl

150 g Naturreis

300 ml Gemüsebrühe

1/2 TL gemahlener Koriander

1/2 TL gemahlener Zimt

1 TL gemahlener Kardamom

Salz · Pfeffer · 2 EL Rosinen

ein paar Koriander- oder Petersilienblätter

VORBEREITUNGSZEIT: 35 MIN.
GARZEIT: 45 MIN.

Pro Person etwa:

9 g E/ 13 g F/ 85 g KH

505 kcal

ZWIEBEL schälen, halbieren und in dünne Streifen schneiden. Die Möhre schälen, waschen und in streichholzdünne, 2 cm lange Stifte schneiden. 3 Orangen auspressen und vom Saft 150 ml abmessen.

SESAMÖL in einer schweren Pfanne mit hohem Rand erhitzen, Zwiebel und Möhre darin unter ständigem Rühren andünsten. Reis waschen, dazugeben und 3 Min. mitdünsten.

GEMÜSEBRÜHE und frisch gepreßten Orangensaft angießen. Koriander, Zimt, Kardamom, Salz und Pfeffer hinzufügen. Den Reis zugedeckt bei schwacher Hitze 40 Min. garen, bis er alle Flüssigkeit aufgesogen hat.

IN der Zwischenzeit die restliche Orange dick abschälen, so daß auch die weiße Haut völlig entfernt ist. Mit einem scharfen, kleinen Messer die Filets aus den Häuten lösen, dabei den austretenden Saft in einer kleinen Schüssel auffangen. Orangenfilets beiseite stellen, die Rosinen im aufgefangenen Orangensaft quellen lassen.

WENN der Reis gar ist, ihn mit Salz und Pfeffer abschmecken. Orangenfilets und Rosinen unterheben und alles zusammen ohne Deckel noch 5 Min. durchziehen lassen. Mit Koriander- oder Petersilienblättern garnieren.

Perlgraupen mit Paprika

erfrischend • preiswert

FÜR 2 PERSONEN

100 g Perlgraupen

1 große Zwiebel

1 EL Sesamöl

1/2 l Gemüsebrühe

3 Paprikaschoten (rot, gelb und grün, zu je 100 g)

1 kleine Stange Lauch (etwa 100 g)

Salz · Pfeffer

1–2 TL Zitronensaft

Cayennepfeffer nach Belieben

ZUBEREITUNGSZEIT: 1 STD.

Pro Person etwa:

9 g E/ 13 g F/ 49 g KH

355 kcal

PERLGRAUPEN in ein Sieb geben, gründlich unter fließendem warmen Wasser waschen und gut abtropfen lassen.

ZWIEBEL schälen, in feine Würfel schneiden und in einer schweren Pfanne mit hohem Rand im heißen Öl glasig dünsten. Graupen dazugeben und unter ständigem Rühren anbraten, bis sie ebenfalls glasig sind. Mit Brühe aufgießen und zugedeckt bei schwacher Hitze 25 Min. quellen lassen. Währenddessen ab und zu umrühren und falls nötig etwas Brühe oder Wasser nachgießen.

IN der Zwischenzeit die Paprikaschoten waschen, vierteln, entkernen und 1 cm groß würfeln. Lauch putzen, längs halbieren, gründlich waschen und in Streifen schneiden. Lauch und Paprikaschoten zu den Graupen geben und alles zusammen noch 15–20 Min. garen. Mit Salz, Pfeffer und Zitronensaft abschmecken. Wenn Sie gerne scharf essen, würzen Sie noch zusätzlich mit Cayennepfeffer.

DIESE Graupenzubereitung eignet sich auch für vielerlei andere Gemüse. Probieren Sie sie einmal mit frischem, grünem Spargel und Frühlingszwiebeln.

Roggen mit Süßkartoffel

vegetarisch • vollwertig

FÜR 2 PERSONEN

125 g Roggen

1 mittelgroße Zwiebel

1 TL Öl

1 TL Zucker

3/8 l Gemüsebrühe

1 Möhre

1 Süßkartoffel (etwa 150 g)

1/2 frische rote Peperoni

2 EL saure Sahne

2 EL Milch

2 EL Mehl

2 EL frisch geriebener Gouda (30 % Fett i.Tr.)

Salz · Pfeffer

1–2 EL Zitronensaft

2 EL gehackte Petersilie

EINWEICHZEIT: 8 STD.
ZUBEREITUNGSZEIT: 1 STD.

Pro Person etwa:

15 g E/11 g F/ 67 g KH

430 kcal

ROGGEN in reichlich Wasser 8 Std. einweichen, anschließend durch ein Sieb abschütten, gründlich abspülen und abtropfen lassen.

ZWIEBEL schälen, würfeln und im heißen Öl glasig dünsten. Dann mit Zucker bestreuen und so lange rühren, bis er zu karamelisieren beginnt. Mit Gemüsebrühe ablöschen, den Roggen unterrühren und zugedeckt bei schwacher Hitze etwa 1 Std. garen.

IN der Zwischenzeit Möhre und Süßkartoffel schälen, beides in 1 cm große Würfel schneiden. Peperoni waschen, putzen und in feine Streifen schneiden.

NACH 40 Min. Garzeit die Möhre und Kartoffel zum Roggen geben und alles zusammen noch 20 Min. zugedeckt sanft köcheln lassen. Eventuell etwas Brühe nachgießen, so daß Roggen und Gemüse gerade mit Flüssigkeit bedeckt sind. Der Roggen ist gar, wenn die Körner aufzuplatzen beginnen.

SAURE SAHNE mit Milch, Mehl und Käse glattrühren und unter das Roggen-Gemüse mischen. Mit Salz, Pfeffer und Zitronensaft abschmecken und weitere 5 Min. durchziehen lassen. Zum Servieren mit Petersilie bestreuen.

ROGGEN pur hat einen leicht bitteren Geschmack, deshalb passen süßliche Gemüse, zum Beispiel auch Pastinake und Petersilienwurzel, gut zu ihm.

Ratatouille mit Hirse

FÜR 2 PERSONEN

Klassiker auf neue Art

1 kleine Aubergine (etwa 200 g)

1 kleiner Zucchino · Salz

350 g Zwiebeln · 2–3 Knoblauchzehen

1 1/2 EL Olivenöl · 80 g Hirse

1/4 l Gemüsebrühe · 1 Zweig Rosmarin

450 g Fleischtomaten · Cayennepfeffer

ZUBEREITUNGSZEIT: 1 STD.

Pro Person etwa:

12 g E/ 15 g F/ 49 g KH

390 kcal

118

AUBERGINE und Zucchino waschen, längs halbieren, in Scheiben schneiden und salzen.
ZWIEBELN und Knoblauch schälen, halbieren, in dünne Scheiben schneiden und im Öl andünsten. Hirse dazugeben, kurz anbraten. Mit Gemüsebrühe aufgießen und zugedeckt bei schwacher Hitze 20 Min. garen. Aubergine abspülen und trocken tupfen. Aubergine, Zucchino und Rosmarin hinzufügen, zusammen noch 15 Min. köcheln lassen.
TOMATEN überbrühen, häuten, würfeln und 5 Min. vor Garzeitende unterheben. Kräftig mit Salz und Cayennepfeffer würzen.
LECKER schmeckt dazu gegrilltes Lammfilet und ein leichter französischer Landwein.

Dinkel mit Pfifferlingen

FÜR 2 PERSONEN

vollwertig • raffiniert

150 g Dinkel · 300 ml Gemüsebrühe

100 g Pfifferlinge · 100 g Sojasprossen

200 g Cocktailtomaten · 1 Zwiebel

1 EL Öl · 50 g Frischkäse (20 % Fett i. Tr.)

1 EL Zitronensaft · Salz · Pfeffer

ZUBEREITUNGSZEIT: 50 MIN.

Pro Person etwa:

16 g E/ 10 g F/ 58 g KH

390 kcal

DINKEL waschen, in der Brühe aufkochen und zugedeckt 30 Min. quellen lassen.
PFIFFERLINGE putzen, Sojasprossen grob hacken, Tomaten waschen und vierteln. Zwiebel schälen, fein würfeln und in Öl andünsten. Pilze hinzufügen und braten, bis sie keine Flüssigkeit mehr abgeben. Abgetropfter Dinkel und Frischkäse unterrühren, mit Zitronensaft, Salz und Pfeffer würzen. Zum Schluß die Tomaten unterheben.

Weizen-Allerlei

vollwertig • preiswert

FÜR 2 PERSONEN

150 g Weizen

350 ml Gemüsebrühe

4 Frühlingszwiebeln oder 1 Stange Lauch

1 große Möhre

3 Stangen Staudensellerie

1 grüne Paprikaschote

1 haselnußgroßes Stück Ingwer

1 EL Sesamöl

1 TL gemahlener Koriander

1 Prise Zucker

Salz · Pfeffer

2 EL frisch geriebener Parmesan

EINWEICHZEIT: 8 STD.
ZUBEREITUNGSZEIT: 1 STD. 10 MIN.

Pro Person etwa:
15 g E/ 14 g F/ 57g KH

415 kcal

120

WEIZEN in reichlich Wasser 8 Std. einweichen. Anschließend gut abspülen, in 250 ml Gemüsebrühe aufkochen und zugedeckt bei schwacher Hitze 1 Std. garen.

ETWA 20 Minuten bevor der Weizen gar ist, alle Gemüse putzen. Frühlingszwiebeln oder Lauch in feine Ringe, Möhre in dünne Scheiben, Sellerie in dünne und kurze Streifen schneiden. Die Paprikaschote würfeln, den Ingwer schälen und fein hacken.

SESAMÖL in einer schweren Pfanne mit hohem Rand erhitzen, Frühlingszwiebeln oder Lauch darin andünsten. Ingwer hinzufügen und kurz unter Rühren anbraten. Mit der übrigen Brühe aufgießen, mit Koriander und Zucker würzen. Möhren dazugeben, sie sollen knapp mit Brühe bedeckt sein, und 5 Min. köcheln lassen. Dann Sellerie und Paprika unterrühren und alles zusammen weitere 5 Min. garen. Mit Salz und Pfeffer abschmecken.

GEGARTEN Weizen unter das Gemüse mischen. Das Allerlei 5 Min. ohne Deckel ausdampfen lassen, bis nahezu alle Flüssigkeit verdunstet ist. Mit Käse bestreut servieren.

WEIZEN hat einen würzigen Geschmack und läßt sich gut kombinieren. Das Weizen-Allerlei können Sie daher mit beliebig anderem Gemüse, wie es Jahreszeit und Markt gerade bietet, zubereiten.

Dinkel mit Knoblauchsauce

würzig • deftig

FÜR 2 PERSONEN

1 Zwiebel · 4 Knoblauchzehen

100 g Knollensellerie

1 Möhre 1 EL Öl

150 g Dinkel

300 ml Gemüsebrühe

1 Lorbeerblatt

1 TL getrockneter Majoran

1 rote Paprikaschote

100 g Keniabohnen

Salz · Pfeffer

50 g körniger Frischkäse (20 % Fett i. Tr.)

50 g Magerjoghurt

1 TL Paprikapulver, rosenscharf

2 EL Schnittlauchröllchen

ZUBEREITUNGSZEIT: 55 MIN.

Pro Person etwa:

17 g E/ 15 g F/ 66 g KH

475 kcal

ZWIEBEL und 2 Knoblauchzehen schälen und fein würfeln. Sellerie und Möhre putzen, in dünne, etwa 3 cm lange Stifte schneiden.

IN einer schweren Pfanne mit hohem Rand das Öl erhitzen, Zwiebel und Knoblauch darin glasig dünsten. Sellerie- und Möhrenstifte dazugeben und kurz mitdünsten. Den Dinkel in einem Sieb unter fließendem Wasser waschen, abtropfen lassen, zum Gemüse in die Pfanne geben und 3 Min. mitdünsten.

GEMÜSEBRÜHE dazugießen, mit Lorbeerblatt und Majoran würzen und zugedeckt bei schwacher Hitze 30 Min. köcheln lassen, bis der Dinkel weich, aber noch körnig ist.

IN der Zwischenzeit die Paprikschote waschen, vierteln, entkernen und in Streifen schneiden. Bohnen putzen und schräg in 2 cm lange Stücke schneiden. Das Gemüse 8 Min. vor Garzeitende unter den Dinkel mengen.

DINKELGEMÜSE ohne Deckel bei schwacher Hitze 5 Min. ausdampfen lassen, mit Salz und Pfeffer abschmecken.

WÄHRENDDESSEN für die Knoblauchsauce Frischkäse, Joghurt, Paprikapulver und Schnittlauch gut verrühren. Die übrigen 2 Knoblauchzehen schälen und dazudrücken. Die Sauce mit Salz abschmecken und getrennt zum Dinkelgemüse servieren.

Fisch und Fleisch *

*

FISCH oder Fleisch sollten im Gegensatz zu unserer althergebrachten Ernährungsweise nicht mehr der Hauptbestandteil einer Mahlzeit sein. Wer sich fettarm ernähren will, muß also den Spieß umdrehen: Gemüse, Hülsenfrüchte, Teigwaren, Reis oder anderes Getreide sind die eigentliche Mahlzeit – Fisch oder mageres Fleisch werden in kleinen Portionen als Beilage dazu gereicht.

SICHERLICH enthält manches, wie zum Beispiel Putenfleisch oder Schellfisch, so wenig Fett, daß Sie auch größere Mengen davon essen könnten, ohne Ihre Fettbilanz zu gefährden. Aber: Neben einer Fleisch- oder Fischportion von 200 Gramm oder mehr bleibt Ihnen sonst wenig Platz für die erforderliche Menge an Kohlenhydraten, die für Ihre Gesundheit so wichtig sind.

Rotbarschfilet im Reisbett

gelingt leicht • würzig

FÜR 2 PERSONEN

150 g Naturreis

1/2 l Gemüsebrühe

2 Rotbarschfilets (je etwa 100 g)

Saft von 1/2 Zitrone

1 TL Butter oder Margarine

1 EL Mehl

2 EL Senf

Salz · Pfeffer

50 g saure Sahne

etwas Fett für die Form

2 EL Petersilie oder Dill

ZUBEREITUNGSZEIT: 50 MIN.

Pro Person etwa:

28 g E/ 15 g F/ 66 g KH

515 kcal

REIS waschen, in 3/8 l Gemüsebrühe aufkochen lassen und zugedeckt bei schwacher Hitze 30-35 Min. garen, bis die Brühe aufgesogen ist.

FISCHFILETS mit Zitronensaft beträufeln und zugedeckt 30 Min. ziehen lassen. Den Backofen auf 250° vorheizen.

IN der Zwischenzeit Butter oder Margarine in einer kleinen Pfanne schmelzen lassen, Mehl und Senf zufügen, unter Rühren kurz anbraten und mit der übrigen Gemüsebrühe ablöschen. Die Sauce mit einem Schneebesen glatt rühren, mit Salz und Pfeffer würzen. Die saure Sahne untermischen.

FISCHFILETS trockentupfen, mit Salz und frisch gemahlenem Pfeffer würzen. Eine flache, ovale Auflaufform (25 cm Länge) dünn einfetten, den gegarten, trockenen Reis darin festdrücken. Fischfilets darauf legen, den Zitronensaft darüber gießen. Fischfilets mit Senfsauce bestreichen und im Ofen (2. Schiene von oben; Umluft 230°) 8-10 Min. backen, bis sie eine helle Kruste haben. Zum Servieren mit gehackter Petersilie oder Dillspitzen bestreuen.

EIN Glas trockener Weißwein und ein frischer Salat runden die Mahlzeit ab.

Heilbutt in Folie

macht kaum Arbeit • kalorienarm

Für 2 Personen

2 Heilbuttkoteletts (je etwa 150 g)

Saft von 1/2 Zitrone

15 g Halbfettbutter oder -margarine

2 EL frische gehackte Kräuter nach Saison

Salz · Pfeffer

1 EL saure Sahne

Zubereitungszeit: 35 Min.
Marinierzeit: 30 Min.

Pro Person etwa:

31 g E/ 6 g F/ 2 g KH

195 kcal

Fischkoteletts mit Zitronensaft beträufeln und zugedeckt etwa 30 Min. marinieren. Den Backofen auf 200° vorheizen.

Inzwischen die zimmerwarme Halbfettbutter oder -margarine mit den Kräutern gut vermengen, salzen und pfeffern.

Heilbuttkoteletts trockentupfen, auf beiden Seiten mit der Kräuterbutter bestreichen und in Alufolie einpacken. Im Ofen (Mitte; Umluft 180°) zunächst 20 Min. garen. Dann die Päckchen vorsichtig öffnen und noch für weitere 3–5 Min. unter den Grill schieben, bis der Fisch ein bißchen Farbe annimmt.

Fisch auf vorgewärmten Tellern anrichten. Den entstandenen Saft aus der Alufolie in einen kleinen Topf gießen und bei schwacher Hitze mit saurer Sahne verrühren. Über den Fisch gießen.

Dazu Petersilienkartoffeln und einen leichten, fruchtigen Weißwein servieren.

Als Kräutermischung eignen sich z. B. Dill, Petersilie und Kerbel oder Zitronenmelisse, Petersilie und Schnittlauch.

Lachs mit Trauben-Riesling-Sauce

raffiniert • für Gäste

FÜR 2 PERSONEN

2 Lachskoteletts (je etwa 150 g)

oder 250 g Lachsfilet

Saft von 1/2 Zitrone

1 kleine rote Zwiebel

1 Stange Lauch

2 Lorbeerblätter

1 TL weiße Pfefferkörner

3/8 l trockener Riesling

150 g grüne Weintrauben

15 g Butter oder Margarine

Salz

1 EL saure Sahne

Petersilie zum Garnieren

ZUBEREITUNGSZEIT: 45 MIN.
MARINIERZEIT: 30 MIN.

Pro Person etwa:

33 g E/ 13 g F/ 16 g KH

450 kcal

LACHS mit Zitronensaft beträufeln und zugedeckt 30 Min. marinieren.

INZWISCHEN die Zwiebel schälen, fein würfeln. Lauch putzen und waschen. Etwa 10 cm vom weißen Teil der Lauchstange abschneiden, längs halbieren, in feinste Streifen schneiden und beiseite stellen. Restlichen Lauch in Ringe schneiden.

LAUCHRINGE, Zwiebel, Lorbeerblätter, Pfefferkörner und 1/4 l Wein offen 10–12 Min. kochen lassen, bis die Flüssigkeit auf die Hälfte eingekocht ist. Weinsud durchsieben und beiseite stellen. Weintrauben waschen, häuten, halbieren und entkernen.

BUTTER oder Margarine in einer schweren Pfanne erhitzen, Lachs trockentupfen, salzen und von beiden Seiten ca. 5 Min. anbraten. Mit dem übrigen Riesling ablöschen und 2–3 Min. bei schwacher Hitze ziehen lassen.

LACHS auf Tellern anrichten. Weinsud, Lauchstreifen und Weintrauben in die Pfanne geben, einmal aufkochen lassen und vorsichtig bei schwacher Hitze die saure Sahne einrühren. Trauben-Riesling-Sauce um den Lachs herumgießen, mit Petersilie garnieren.

BESONDERS gut macht sich der Lachs in einem Bett aus breiten Bandnudeln. Aber auch junge Kartoffeln runden seinen zarten Geschmack vorzüglich ab.

Mariniertes Thunfischsteak

scharf • macht wenig Arbeit

FÜR 2 PERSONEN

1–2 Knoblauchzehen · 1/2 frische rote Peperoni

2 EL Sojasauce · 1 EL brauner Zucker

100 ml frisch gepreßter Orangensaft

2 Thunfischsteaks (von je etwa 100 g)

1 TL Sesamöl

ZUBEREITUNGSZEIT: 10 MIN.
MARINIERZEIT: 3 STD.

Pro Person etwa:

23 g E/ 18 g F/ 12 g KH

305 kcal

KNOBLAUCH schälen und zerdrücken. Die Peperoni putzen, fein würfeln. Beides mit Sojasauce, Zucker und Orangensaft unter Rühren 5 Min. kochen, bis sich der Zucker gelöst hat.

THUNFISCHSTEAKS mit dem Handballen leicht klopfen, mit Marinade begießen und im Kühlschrank mindestens 3 Std. marinieren.

FISCH herausheben, trockentupfen und in einer beschichteten Pfanne in Sesamöl von beiden Seiten 2–3 Min. anbraten. Mit Marinade ablöschen und noch 1–2 Min. ziehen lassen.

Schollenfilet auf Tomatenbutter

schmeckt nur ganz frisch • schnell

FÜR 2 PERSONEN

300 g Schollenfilets ohne Haut

1 TL Zitronensaft · Pfeffer

400 g Fleischtomaten · 2 Schalotten

30 g eiskalte Halbfettbutter

10 kleine grüne Oliven · Salz · 2 TL Öl

ZUBEREITUNGSZEIT: 20 MIN.

Pro Person etwa:

21 g E/ 15 g F/ 7 g KH

250 kcal

FISCHFILETS mit Zitronensaft und Pfeffer würzen, zugedeckt 10 Min. ziehen lassen.

TOMATEN überbrühen, häuten, entkernen und klein würfeln. Schalotten schälen, fein hacken. Beides bei schwacher Hitze in 5 Min. zu einer Sauce einkochen lassen. Nach und nach die Butter in Stückchen einrühren. Oliven in Scheiben schneiden und in der Sauce erwärmen, abschmecken.

FISCHFILETS trockentupfen, salzen und im Öl von beiden Seiten goldgelb braten. Auf der Tomatenbutter servieren.

Meeresfrüchte auf Lorbeerkartoffeln

schmeckt nur ganz frisch

FÜR 2 PERSONEN

400 g kleine Kartoffeln

1 große weiße Zwiebel (etwa 150 g)

1 EL Olivenöl

1 Briefchen Safran

125 ml Gemüsebrühe

Salz · Pfeffer

1 TL gehackte Fenchelsamen

8 möglichst frische Lorbeerblätter

250 g Venusmuscheln oder kleine Miesmuscheln

250 g frische oder tiefgekühlte kleine Tintenfische (küchenfertig)

250 g Fleischtomaten

2 EL gehackte Petersilie

Zitronenspalten zum Garnieren

ZUBEREITUNGSZEIT: 50 MIN.

Pro Person etwa:

40 g E/ 12 g F/ 47 g KH

460 kcal

KARTOFFELN schälen, waschen und längs vierteln. Zwiebel schälen und in dünne Ringe schneiden.

IN einer schweren, hohen Pfanne zuerst die Zwiebelringe im Olivenöl andünsten, dann die Kartoffelviertel 2–3 Min. mitdünsten. Safran in 1 EL heißem Wasser auflösen, unter das Gemüse rühren. Brühe angießen, salzen und pfeffern. Fenchelsamen und Lorbeerblätter hinzufügen. Alles zugedeckt 15–20 Min. garen, bis die Kartoffeln bißfest sind, dabei öfter umrühren und falls nötig etwas Brühe nachgießen.

IN der Zwischenzeit die Muscheln unter fließendem Wasser gründlich abbürsten, offene Muscheln wegwerfen, sie sind ungenießbar. Frische oder aufgetaute Tintenfische kalt abspülen, abtropfen lassen und in 1 cm breite Stücke schneiden. Tomaten überbrühen, häuten, vierteln und entkernen.

WENN die Kartoffeln bißfest sind, die Tomaten unterheben. Tintenfische und Muscheln darauf verteilen und alles zugedeckt bei starker Hitze 5–7 Min. kochen lassen.

UNGEÖFFNETE Muscheln entfernen. Die Meeresfrüchte mit Petersilie bestreuen und mit Zitronenspalten garniert servieren.

DAZU paßt ein gut gekühlter, leichter Weiß- oder Roséwein.

Kalbsschnitzel mit Zitrone

kalorienarm • schnell

FÜR 2 PERSONEN

2 Kalbsschnitzel (je etwa 100 g)

1 Knoblauchzehe

1 TL kaltgepreßtes Olivenöl

1 Zweig Rosmarin · 2 EL Zitronensaft

Salz · Pfeffer

2 EL frisch geriebener Parmesan

ZUBEREITUNGSZEIT: 20 MIN.

Pro Person etwa:

24 g E/ 8 g F/ 1 g KH

175 kcal

SCHNITZEL behutsam flach klopfen und halbieren. Knoblauch schälen, vierteln. Öl in einer beschichteten Pfanne erhitzen, Knoblauch hinzufügen. Schnitzel im Öl von jeder Seite in 2 Min. goldbraun anbraten.

GRILL vorheizen. Rosmarin in eine kleine feuerfeste Form geben, Schnitzel darauf legen. Mit Zitronensaft beträufeln, salzen, pfeffern und mit Käse bestreuen. 3–5 Min. grillen, bis die Oberfläche goldgelb ist.

PASST zu Kartoffel- und Gemüsegerichten, aber auch zu einem knackigen Salat.

130

Rinderfilet mit Balsamicosauce

würzig • macht kaum Arbeit

FÜR 2 PERSONEN

1/8 l Aceto Balsamico · 2 Knoblauchzehen

Salz · 1 TL Paprikapulver, rosenscharf

1 TL getrockneter Oregano · 2 TL Olivenöl

2 Scheiben Rinderfilet (je etwa 100 g)

ZUBEREITUNGSZEIT: 5 MIN.
MARINIERZEIT: 5 STD.

Pro Person etwa:

22 g E/ 10 g F/ 3 g KH

195 kcal

ESSIG mit durchgepreßtem Knoblauch gut verrühren. Dann die Gewürze und 1 TL Öl untermischen. Filets sanft flach drücken, mit der Marinade begießen und zugedeckt im Kühlschrank mindestens 5 Std. marinieren.

FILETS herausheben und trockentupfen. Eine beschichtete Pfanne hauchdünn mit übrigem Öl einpinseln, das Fleisch von jeder Seite 3 Min. anbraten. Mit Marinade ablöschen, eventuell etwas Wasser angießen und noch 5 Min. bei schwacher Hitze garen.

Rinderfilet mit Chicorée

gut vorzubereiten • gelingt leicht

FÜR 2 PERSONEN

2 EL Aceto Balsamico (Balsamessig)

1 TL Sesamkörner · Pfeffer

1 EL Kürbiskernöl

2 dünne Scheiben Rinderfilet (je etwa 100 g)

2 Chicorée (je etwa 100 g)

1 Fleischtomate

2 TL Sesamöl · Salz

2 EL Schnittlauchröllchen

1 EL saure Sahne

ZUBEREITUNGSZEIT: 40 MIN.

Pro Person etwa:

24 g E/ 19 g F/ 4 g KH

285 kcal

ESSIG mit Sesamkörnern, Pfeffer und Kürbiskernöl gut verrühren. Rinderfilets in einen tiefen Teller legen, mit der Marinade begießen und zugedeckt mindestens 30 Min. ziehen lassen, währenddessen mehrmals wenden.

INZWISCHEN vom Chicorée die äußeren Blätter entfernen, Strünke abschneiden. Chicorée längs halbieren und in breite Streifen schneiden. Tomate überbrühen, häuten, entkernen und in 1 cm große Würfel schneiden.

SESAMÖL in einer beschichteten Pfanne erhitzen. Die Filets aus der Marinade nehmen, abtropfen lassen und von beiden Seiten 2–3 Min. kräftig anbraten. Salzen und auf vorgewärmten Tellern zugedeckt beiseite stellen.

BRATENSATZ mit Marinade ablöschen, Tomatenwürfel und Chicoréestreifen in die Pfanne geben und 2 Min. dünsten, vom Herd nehmen.

SCHNITTLAUCHRÖLLCHEN und saure Sahne unterrühren. Die Gemüsesauce mit Salz und Pfeffer abschmecken und neben dem Rinderfilet anrichten.

DAZU passen Bandnudeln, Kartoffelpüree oder Kartoffelschnee.

Kresse-Hackbraten

etwas aufwendiger • schmeckt auch kalt

FÜR 4 PORTIONEN

Für eine Kastenform von 20 cm Länge:

400 g reife Tomaten

1 Zwiebel · 2 Knoblauchzehen

1/8 l Rotwein · 2 EL Rotweinessig

1 TL getrockneter Oregano

1 EL Zucker

Salz · Pfeffer

200 g Rinderhackfleisch

3 EL Semmelbrösel

2 EL frisch geriebener Parmesan

2 Kästchen Gartenkresse

1/2 TL getrockneter Thymian

1 TL Öl

VORBEREITUNGSZEIT: 40 MIN.
BACKZEIT: 1 1/4 STD.

Pro Portion etwa:

15 g E/ 6 g F/ 15 g KH

190 kcal

TOMATEN überbrühen, häuten und würfeln. Zwiebel und Knoblauch schälen, grob hacken. Alles unter Rühren 5 Min. dünsten. Wein, Essig, Oregano und Zucker hinzufügen, kräftig salzen und pfeffern. Etwa 10 Min. weiterdünsten, bis alle Flüssigkeit verdampft ist. Die Mischung etwas auskühlen lassen, grob pürieren und 4 EL der Tomatensauce beiseite stellen.

BACKOFEN auf 200° vorheizen. Hackfleisch, 1 1/2 EL Semmelbrösel und 1 EL Käse mit der größeren Menge Tomatensauce gut verrühren. Kresse und Thymian im Öl andünsten, bis die Kresse zusammenfällt. Übrige Semmelbrösel unterrühren.

EIN Drittel der Fleischmasse in eine Kastenform füllen, die Hälfte der Kresse aufstreichen, ein Drittel Fleischmasse einschichten, dann die restliche Kresse und mit dem letzten Drittel der Fleischmasse abschließen. Mit der übrigen Tomatensauce bestreichen und mit restlichem Käse bestreuen. Hackbraten im Ofen (Mitte; Umluft 180°) 1 Std. braten. Anschließend noch bei 100° (Umluft; 80°) 15 Min. ziehen lassen.

HACKBRATEN vorsichtig aus der Form lösen, in Scheiben schneiden und mit dem entstandenen Saft begießen. Eine Hälfte können Sie gleich warm essen, die andere schmeckt auch kalt auf's Brot.

DER Hackbraten paßt gut zu Gemüse- und Reisgerichten.

Ossobuco

FÜR 2 PERSONEN

1 Zwiebel · 1 kleine Möhre

je 100 g Lauch und Knollensellerie

2 Knoblauchzehen

2 Fleischtomaten

2 kleine Scheiben Kalbshaxe mit Knochen

etwas Mehl zum Wenden

1 EL Olivenöl

Salz · Pfeffer

1 EL Tomatenmark

je 1/8 l trockener Weißwein und Gemüsebrühe

1/2 TL abgeriebene Zitronenschale

je 1 TL getrockneter Thymian und Rosmarin

1/2 TL getrockneter Salbei

1 Lorbeerblatt

VORBEREITUNGSZEIT: 30 MIN.
BRATZEIT: 1 1/2 STD.

Pro Person etwa:

47 g E/ 18 g F/ 14 g KH

450 kcal

ALLE Gemüse putzen und in 1/2 cm kleine Würfel bzw. Ringe schneiden. Tomaten überbrühen, häuten und würfeln. Den Backofen auf 180° vorheizen.

KALBSHAXENSCHEIBEN in Mehl wenden und in heißem Öl von beiden Seiten kräftig anbraten. Herausnehmen, salzen, pfeffern und beiseite stellen.

IN derselben Pfanne das Gemüse anbraten, Tomatenmark kurz mitbraten, mit Wein und Brühe ablöschen. Die Gewürze dazugeben und alles kurz aufkochen lassen.

DIE Hälfte des Gemüses in einen Bräter geben, die Kalbshaxenscheiben darauf legen und mit dem restlichen Gemüse bedecken. Zugedeckt im Ofen (2. Schiene von unten; Umluft 160°) 1 Std. schmoren lassen.

DAS Fleisch herausnehmen, die Flüssigkeit samt dem Gemüse zur Sauce pürieren. Fleisch und Sauce zugedeckt im Bräter bei 100° (Umluft 80°) im Ofen noch 20–30 Min. durchziehen lassen.

GUT dazu passen Bandnudeln oder Naturreis. Wenn von der Sauce etwas übrig bleibt: Sie schmeckt hervorragend zu Spaghetti.

134

Gebeizte Hähnchenkeule

FÜR 2 PERSONEN

2 Hähnchenkeulen (je etwa 150 g)

2 Knoblauchzehen · 1 kleine Zwiebel

150 ml helles Bier

Salz · Pfeffer · 1 Zweig Rosmarin

1 Lorbeerblatt · 1 EL Olivenöl

ZUBEREITUNGSZEIT: 1 STD.

Pro Person etwa:

17 g E/ 9 g F/ 4 g KH

190 kcal

HÄHNCHENKEULEN enthäuten. Knoblauch und Zwiebel schälen, würfeln. Mit Bier, Salz, Pfeffer, Rosmarin und Lorbeerblatt verrühren. Beize über die Keulen gießen, zugedeckt mindestens 30 Min. im Kühlschrank marinieren.

KEULEN herausnehmen und trockentupfen. Öl in einer beschichteten Pfanne erhitzen, das Fleisch von allen Seiten darin kräftig anbraten.

BEIZE angießen, Geflügel bei schwacher Hitze 30 Min. zugedeckt garen. Herausnehmen, die Sauce eventuell noch etwas einkochen lassen.

136

Hähnchenbrust mit Kressesahne

FÜR 2 PERSONEN

1 Kästchen Gartenkresse · 1 Bund Brunnenkresse

100 g saure Sahne · 1 EL scharfer Senf

Zitronensaft · Salz · Pfeffer

15 g Butter oder Margarine

300 g Hähnchenbrustfilets · 1/8 l trockener Weißwein

ZUBEREITUNGSZEIT: 20 MIN.

Pro Person etwa:

25 g E/ 16 g F/ 6 g KH

320 kcal

BEIDE Kressesorten waschen, die Blätter mit saurer Sahne und Senf pürieren. Mit etwas Zitronensaft, Salz und Pfeffer würzen.

BUTTER oder Margarine in einer beschichteten Pfanne erhitzen, Hähnchenbrustfilets darin von beiden Seiten goldgelb anbraten. Mit Wein ablöschen und 5 Min. köcheln lassen, das Fleisch herausnehmen. Kressepüree zum Bratensaft geben, erwärmen, aber nicht kochen lassen. Die Filets mit der Kressesahne überziehen.

Putenröllchen

raffiniert • schmeckt auch kalt

FÜR 2 PERSONEN

2 Putenschnitzel (je 100–125 g)

2 EL frisch geriebener Parmesan

2 EL saure Sahne

1 TL getrockneter Estragon

1 TL getrocknetes Basilikum

1 TL scharfer Senf

Salz · Pfeffer

1 Knoblauchzehe

1 TL Sonnenblumenöl

1/8 l Gemüsebrühe

1 EL gehackte Petersilie

Zahnstocher zum Fixieren

ZUBEREITUNGSZEIT: 45 MIN.

Pro Person etwa:

31 g E/ 10 g F/ 7 g KH

245 kcal

SCHNITZEL dünn klopfen. Parmesan mit 1 EL saurer Sahne, Estragon, Basilikum und Senf gründlich vermischen, mit Salz und Pfeffer abschmecken. Den Knoblauch schälen und dazupressen.

FLEISCH mit dieser Masse bestreichen, dabei an den Rändern 1 1/2 cm frei lassen, fest einrollen und mit Zahnstochern zusammenstecken.

ÖL in einer beschichteten Pfanne erhitzen und die Putenröllchen darin von allen Seiten kräftig anbraten. Mit Gemüsebrühe angießen und zugedeckt bei schwacher Hitze 20 Min. garen.

PUTENRÖLLCHEN herausnehmen und zugedeckt warm stellen.

ÜBRIGE saure Sahne vorsichtig bei schwacher Hitze in den Bratensaft rühren, die Sauce mit Salz und Pfeffer abschmecken und über die Putenröllchen gießen. Zum Servieren mit Petersilie bestreuen.

SIE können die Putenschnitzel auch mit anderen würzigen Mischungen bestreichen, z. B. mit feingehacktem Blattspinat, geriebenem Käse und saurer Sahne.

DIE Putenröllchen sind auf jeden Fall eine leckere Begleitung zu Teigwaren oder Reis.

SÜSSE GERICHTE *

*

EIN festliches Essen braucht einen süßen Abschluß, einen raffinierten Nachtisch, der am besten ohne großen Aufwand serviert werden kann. Dafür haben wir für Sie pfiffige Süßspeisen ausprobiert, die mit wenig Fett auskommen. Aus diesem Grund mußte aber ganz konsequent auf Schlagsahne verzichtet werden.

FÜR Leckermäuler, die auch mal Süßes als Hauptgericht essen wollen, gibt es natürlich ebenfalls einige Rezepte. Sie sind für zwei zum Sattessen berechnet, können aber auch gut als Nachtisch serviert werden. Dann reicht die Menge für vier bis sechs Personen.

ALLERDINGS ist Maßhalten geboten: Die meisten Kohlenhydrate in diesen süßen Gerichten sind nur einfache Kohlenhydrate aus Zucker oder Honig, so daß sie für eine vitale und gesunde Ernährung nur ab und zu in Frage kommen.

Joghurtmousse

erfrischend • dekorativ

FÜR 2 PERSONEN

2 Blatt weiße Gelatine

200 g Magerjoghurt · 1 TL Zitronensaft

2 EL Puderzucker · 1 Päckchen Vanillezucker

150 g Beeren (nach Wahl)

1 EL gehackte Pistazienkerne

ZUBEREITUNGSZEIT: 20 MIN.
KÜHLZEIT: 30 MIN.

Pro Person etwa:

8 g E/ 3 g F/ 39 g KH

220 kcal

GELATINE in kaltem Wasser einweichen und 5 Min. quellen lassen. Joghurt mit Zitronensaft, 1 EL Puderzucker und Vanillezucker verrühren.
TROPFNASSE Gelatine bei schwacher Hitze auflösen, unter die Joghurtmasse rühren. Im Kühlschrank in 30 Min. fest werden lassen.
BEEREN verlesen, waschen, pürieren und mit übrigem Puderzucker abschmecken. Beerenpüree auf 2 Teller gießen, von der Joghurtmousse Nocken abstechen, auf das Püree setzen und mit Pistazien bestreuen.

Pochierte Äpfel mit Vanilleschaum

schmeckt nur ganz frisch

FÜR 2 PERSONEN

2 kleine Äpfel · 1/8 l halbtrockener Weißwein

1 EL Honig · 1/2 Vanilleschote

1 EL Rosinen · 1 Eigelb

ZUBEREITUNGSZEIT: 25 MIN.

Pro Person etwa:

2 g E/ 4 g F/ 21 g KH

175 kcal

ÄPFEL schälen, in je acht Spalten schneiden und entkernen. Wein mit Honig und Vanillemark aufkochen. Rosinen und Apfelspalten hinzufügen und im Sud 5 Min. ziehen lassen. Herausheben und in flachen Schalen anrichten.
EIGELB im Wasserbad mit einem Schneebesen schaumig schlagen. Nach und nach unter ständigem Rühren den Weinsud hinzufügen und alles zu einer cremigen Masse aufschlagen. Heiß über die Apfelspalten gießen.

Gefüllte Birne mit Zitronenquark

gut vorzubereiten • schnell

FÜR 2 PERSONEN

1 große Birne

3 Gewürznelken

1/2 Zimtstange

2 EL Zucker

1/8 l trockener Weißwein

1/2 unbehandelte Zitrone

200 g Magerquark (20 % Fett i. Tr.)

2 Päckchen Vanillezucker

150 g Johannisbeergelee

ZUBEREITUNGSZEIT: 20 MIN.

Pro Person etwa:

14 g E/ 0,5 g F/ 83 g KH

445 kcal

BIRNE schälen, längs halbieren und das Kerngehäuse mit einem Teelöffel großzügig entfernen. Birnenhälften in einen kleinen Topf legen und knapp mit Wasser bedecken. Gewürznelken, Zimtstange, 1 EL Zucker und den Wein hinzufügen, aufkochen und die Birne zugedeckt bei schwacher Hitze in 5 Min. bißfest garen. Vom Herd nehmen und im Sud abkühlen lassen.

ZITRONE waschen, abtrocknen, die Schale fein abreiben und den Saft auspressen. Quark mit Zitronenschale, Zitronensaft, Vanillezucker und 1 EL Zucker cremig rühren.

BIRNENHÄLFTEN aus dem Sud heben, abtropfen lassen, auf Teller anrichten und mit der Quarkmischung füllen.

JOHANNISBEERGELEE unter Rühren bei schwacher Hitze 5 Min. einkochen lassen, dekorativ um die Birnenhälften gießen. Das Dessert entweder noch warm genießen oder bis zum Servieren kalt stellen.

Feigen in Cognaccreme

raffiniert • schnell

FÜR 2 PERSONEN

4 reife blaue Feigen

2 EL brauner Zucker

2 EL Cognac oder Weinbrand

150 g saure Sahne

ZUBEREITUNGSZEIT: 20 MIN.
KÜHLZEIT: 1 STD.

Pro Person etwa:

3 g E/ 8 g F/ 22 g KH

195 kcal

DEN Backofen auf 225° vorheizen. Feigen waschen, am Stielansatz kreuzweise bis zur Hälfte einschneiden und vorsichtig auseinander biegen. In eine feuerfeste Form setzen, mit Zucker bestreuen und mit Cognac oder Weinbrand beträufeln. Feigen im Ofen (Mitte; Umluft 200°) 12 Min. backen.

ETWAS auskühlen lassen. Den entstandenen Saft mit saurer Sahne cremig rühren, in Schälchen verteilen. Feigen darauf setzen und für 1 Std. in den Kühlschrank stellen, kalt servieren.

142

Bananenschaum

dekorativ • erfrischend

FÜR 2 PERSONEN

1 Ei · 1 Prise Salz

2 Limetten · 1 Banane

2 EL Magerjoghurt · 40 g Zucker

ZUBEREITUNGSZEIT: 20 MIN.
KÜHLZEIT: 2 STD.

Pro Person etwa:

6 g E/ 4 g F/ 38 g KH

220 kcal

DAS Ei trennen, Eiweiß mit Salz sehr steif schlagen. 1 1/2 Limetten auspressen. Von der geschälten Banane 4 Scheiben abschneiden und mit Limettensaft bepinseln. Übrige Banane mit 1 EL Limettensaft und Joghurt pürieren.

EIGELB mit 3 EL Limettensaft und Zucker im Wasserbad aufschlagen. Eischnee unterheben, unter Schlagen beinahe zum Kochen bringen.

BANANENPÜREE unter die Eimasse heben. In Sektkelche füllen und 2 Std. kalt stellen. Mit Bananen- und Limettenscheiben dekorieren.

Waldbeeren im Grießbett

raffiniert • gelingt leicht

FÜR 2 PERSONEN ALS HAUPTGERICHT

200 g gemischte Waldbeeren (frisch
oder tiefgekühlt, z.B. Himbeeren,
Heidelbeeren und Brombeeren)
3/8 l fettarme Milch
75 g Weizengrieß
1 Ei
2 EL brauner Zucker
1 Prise Salz
etwas Fett für die Form
1 EL Honig

ZUBEREITUNGSZEIT: 50 MIN.
Pro Person etwa:
15 g E/ 9 g F/ 68 g KH
420 kcal

FRISCHE Beeren behutsam waschen, gut abtropfen lassen und putzen, tiefgekühlte Beeren auftauen lassen.

MILCH aufkochen, den Grieß unter Rühren langsam einrieseln lassen. Nochmals aufkochen, vom Herd nehmen und zugedeckt 15 Min. quellen lassen.

BACKOFEN auf 200° vorheizen. Das Ei trennen, Eigelb mit Zucker dickschaumig schlagen und unter den Grieß ziehen. Eiweiß mit Salz zu steifem Schnee schlagen.

EINE flache Auflaufform (oder fürs Dessert 4 Portionsförmchen) dünn einfetten. Eiweiß unter die Grießmasse ziehen, in die Auflaufform (oder Portionsförmchen) geben, glatt streichen und ein Drittel der Beeren darüber streuen. Im Ofen (2. Schiene von unten; Umluft 180°) in 20-25 Min. goldbraun backen.

IN der Zwischenzeit die restlichen Beeren pürieren, mit Honig abschmecken und zum Auflauf servieren.

Orangenquark mit Krokant

FÜR 2 PERSONEN

2 unbehandelte Orangen

200 g Quarkzubereitung (0,2 % Fett)

1 Eigelb

1 EL Puderzucker

1 Päckchen Vanillezucker

2 TL Haselnußkrokant

ZUBEREITUNGSZEIT: 30 MIN.

Pro Person etwa:

9 g E/ 5 g F/ 38 g KH

240 kcal

ORANGEN heiß abspülen, abtrocknen, 1 TL Schale abreiben und 10 feine Schalenstreifen abschneiden. Orangen so schälen, daß auch die weiße Haut völlig entfernt wird. Die Filets zwischen den Häuten herausschneiden, dabei den Saft auffangen. Einige Filets beiseite stellen, den Rest kleinschneiden.

QUARK, Eigelb, Puderzucker, Vanillezucker, 2 EL Orangensaft und die abgeriebene Schale cremig rühren, Orangenstücke unterheben.

ORANGENQUARK anrichten, mit Filets belegen, mit dem Krokant und den Schalenstreifen bestreuen.

Erdbeeren mit Ingwerhonig

FÜR 2 PERSONEN

300 g Erdbeeren

1 haselnußgroßes Stück Ingwer

2 EL Honig

ZUBEREITUNGSZEIT: 10 MIN.
KÜHLZEIT: 30 MIN.

Pro Person etwa:

1 g E/ 0,5 g F/ 23 g KH

110 kcal

ERDBEEREN waschen, abtropfen lassen und die Stielansätze entfernen. Beeren der Länge nach in Scheiben schneiden.

INGWER schälen, in möglichst kleine Würfelchen schneiden. Ingwerwürfel und Erdbeeren in einer Schüssel vermengen.

HONIG in einem kleinen Topf bei schwacher Hitze erwärmen, so daß er flüssig wird. Über die Beeren-Ingwer-Mischung gießen. Das Dessert zugedeckt mindestens 30 Min. im Kühlschrank durchziehen lassen.

Safranreis

gut vorzubereiten • gelingt leicht

FÜR 2 PERSONEN ALS HAUPTGERICHT

3/8 l fettarme Milch

Salz

1 TL Halbfettbutter oder -margarine

75 g Natur-Rundkornreis

1 Briefchen Safran

2 Eier

1 gehäufter EL Zucker

1 1/2 EL gehackte Mandeln

2 EL Rosinen

etwas Fett für die Form

1 EL Semmelbrösel

VORBEREITUNGSZEIT: 1 1/2 STD.
BACKZEIT: 30 MIN.

Pro Person etwa:

20 g E/ 17 g F/ 69 g KH

510 kcal

MILCH in einem Topf mit 1 Prise Salz und Halbfettbutter oder -margarine aufkochen. Den Reis waschen, einrühren und zugedeckt bei schwacher Hitze etwa 1 Std. garen, bis er weich ist und alle Flüssigkeit aufgesogen hat. Abkühlen lassen.

BACKOFEN auf 200° vorheizen. Den Safran in 2 EL warmem Wasser auflösen. Die Eier trennen, Eiweiße mit 1 Prise Salz steif schlagen. Eigelbe, Zucker und Safran schaumig rühren. Abgekühlten Reis, Mandeln und Rosinen vermischen. Die Eigelbmasse unterrühren, den Eischnee darunterziehen.

EINE feuerfeste Form dünn einfetten und mit Semmelbröseln ausstreuen. Die Reismasse einfüllen und im Ofen (Mitte; Umluft 180°) in etwa 30 Min. goldbraun backen.

DEN Safranreis können Sie heiß oder kalt servieren. Dazu schmeckt Kompott oder Fruchtsirup.

DIESES süße Hauptgericht eignet sich auch gut als Nachspeise für 4 Personen.

Pflaumenschmarren

Spezialität aus Österreich

FÜR 2 PERSONEN ALS HAUPTGERICHT

2 Eier

200 ml fettarme Milch

1 Päckchen Vanillezucker

120 g Weizenmehl Type 1050

200 g frische Pflaumen

1 TL gemahlener Zimt

1 Prise Salz

15 g Butter oder Margarine

Puderzucker zum Bestäuben

ZUBEREITUNGSZEIT: 30 MIN.

Pro Person etwa:

19 g E/ 16 g F/ 61 g KH

465 kcal

DIE Eier trennen, Eigelbe mit Milch und Vanillezucker verquirlen, nach und nach das Mehl einrühren. Den Teig 10 Min. quellen lassen.

IN der Zwischenzeit die Pflaumen waschen, halbieren, entkernen, in Spalten schneiden und mit Zimt bestreuen. Eiweiße mit Salz zu sehr steifem Schnee schlagen.

BUTTER oder Margarine in einer großen beschichteten Pfanne (28 cm Ø) schmelzen lassen. Den Eischnee mit einem Schneebesen vorsichtig unter den Teig heben, die Masse in die Pfanne gießen und die Pflaumenspalten gleichmäßig darüber verteilen.

SCHMARREN bei schwacher Hitze 5 Min. backen und dabei immer wieder mit dem Pfannenwender in den Teig stechen. Sobald die Oberfläche nicht mehr flüssig ist, den Schmarren mit zwei Pfannenwendern umdrehen und auch die andere Seite goldbraun backen. Pflaumenschmarren in kleine Stücke zerpflücken und mit Puderzucker bestäubt servieren.

JE nach Jahreszeit können Sie auch andere Früchte verwenden, z. B. Aprikosen, Kirschen oder Pfirsiche. Auf jeden Fall sollte es frisches, kein tiefgekühltes Obst sein.

Hirseflammerie

FÜR 2 PERSONEN

40 g Hirse · 1 EL gehackte Mandeln

2 Blatt weiße Gelatine · 1 Ei

1 EL Honig · 1 EL saure Sahne

1/2 Vanilleschote · 4 EL Himbeersirup

ZUBEREITUNGSZEIT: 40 MIN.
KÜHLZEIT: 2 STD.

Pro Person etwa:

11 g E/ 8 g F/ 33 g KH

250 kcal

gut vorzubereiten • gelingt leicht

HIRSE mit 150 ml Wasser aufkochen und zugedeckt bei schwacher Hitze 25 Min. quellen lassen, bis alle Flüssigkeit aufgesogen ist.

MANDELN in einer Pfanne ohne Fett goldbraun rösten. Gelatine einweichen, auflösen und tropfnaß unter die fertige heiße Hirse rühren. Das Ei trennen.

EIGELB, Honig, saure Sahne, Vanillemark und Mandeln unter die Hirse mischen. Eiweiß zu steifem Schnee schlagen und unterziehen. Masse in 2 kalt ausgespülte Puddingförmchen füllen und 2 Std. kalt stellen. Flammerie auf Teller stürzen und mit Himbeersirup servieren.

Rhabarber-Erdbeer-Schaum

FÜR 2 PERSONEN

250 g Rhabarber · 1/8 l trockener Weißwein

1/2 Vanilleschote · 3 EL Zucker

200 g Erdbeeren

2 Eiweiße · 1 Prise Salz

ZUBEREITUNGSZEIT: 20 MIN.

Pro Person etwa:

5 g E/ 0,5 g F/ 31 g KH

205 kcal

schnell • erfrischend

RHABARBER waschen, putzen und in 1–2 cm breite Stücke schneiden. Mit Weißwein, Vanilleschote und 2 EL Zucker 3 Min. köcheln.

ERDBEEREN waschen, putzen, vierteln und zum Rhabarber geben.

EIWEISSE mit Salz sehr steif schlagen, dabei den restlichen Zucker einrieseln lassen. Eischnee unter das noch warme Kompott heben. Den Schaum gut durchkühlen lassen.

Rote Birne in Ingwersauce

raffiniert • gut vorzubereiten

150

FÜR 2 PERSONEN

2 walnußgroße Stücke frischer Ingwer

1/8 l trockener kräftiger Rotwein

1 Gewürznelke

unbehandelte, abgeriebene Schale von 1/2 Zitrone

2 Birnen

1 EL Preiselbeerkonfitüre

1 TL gehackte Pistazienkerne

100 g Buttermilch (0,9 % Fett)

2 Msp. Currypulver

1 TL Honig

ZUBEREITUNGSZEIT: 30 MIN.

Pro Person etwa:

3 g E/ 2 g F/ 31 g KH

190 kcal

INGWER schälen, 1/2 TL fein abreiben und beiseite stellen, den Rest in Scheiben schneiden. IN einem gut schließenden Topf Rotwein, Gewürznelke, Zitronenschale und Ingwerscheiben zum Kochen bringen.

BIRNEN schälen, nach Belieben ganz lassen oder längs halbieren und entkernen. Birnen bei schwacher Hitze im Rotweinsud zugedeckt 10 Min. ziehen lassen, dabei öfter wenden, damit sie rundherum gleichmäßig rot werden.

DIE Früchte aus dem Sud heben und abkühlen lassen. Ingwerscheiben und Nelke entfernen, den Sud bei starker Hitze unter Rühren zu einem Sirup einkochen lassen. Die Preiselbeerkonfitüre einrühren. Den Sirup in Schälchen verteilen, die Birnen obenauf setzen und mit Pistazien garnieren.

FÜR die Ingwersauce die Buttermilch mit Currypulver, geriebenem Ingwer und Honig gründlich vermengen. Die Sauce getrennt zu den Birnen reichen.

BESONDERS herzhaft werden die Birnen, wenn Sie dafür einen kräftigen spanischen Rotwein, z. B. einen Rioja, verwenden.

ALS Variante können Sie dieses Rezept auch mit entsteinten Pfirsichhälften versuchen, die aber nur 5 Min. im Sud ziehen müssen.

GEBÄCK *

*

HANDELSÜBLICHE Kekse und Knabbergebäck enthalten meist eine Menge an versteckten Fetten. Wer auf diesen Genuß nicht ganz verzichten mag, sollte auf jeden Fall Blätterteig, der mit sehr viel Butter zubereitet wird, meiden. Gebäck aus Hefe- oder Kartoffelteig dagegen schlägt fettmäßig weniger zu Buche. Am besten und sichersten aber ist es, Sie backen selbst.

DAS gilt auch für's Brot. Zwar bieten Bäckereien mittlerweile eine erfreuliche Vielzahl an schmackhaften Roggen-, Weizen- oder Mischbroten und Vollkornbrötchen an. Allerdings: Brote und Brötchen mit Sonnenblumen-, Kürbiskernen oder Nüssen sollen Sie möglichst nur in kleinen Mengen genießen – als Sattmacher enthalten sie viel zu viel Fett.

AUF den folgenden Seiten finden Sie eine Auswahl an süßen und herzhaften Gebäckrezepten, die Ihnen auch mit wenig Fett hervorragend schmecken werden.

Kekse ohne Butter

FÜR ETWA 50 STÜCK

125 g Pellkartoffeln

3 EL Zitronat oder Orangeat

1 Ei · 1 Prise Salz

125 g Zucker

1 Päckchen Vanillezucker

1/2 Päckchen Backpulver

125 g feiner Grieß

125 g Weizenmehl Type 1050

etwas Mehl zum Ausrollen

Backpapier

etwas Milch zum Bestreichen

ZUBEREITUNGSZEIT: 1 STD.

Pro Stück etwa:

1 g E/ 0,2 g F/ 8 g KH

35 kcal

DIE gekochten Kartoffeln pellen, auf einer Gemüsereibe fein reiben oder mit der Gabel gut zerdrücken. Zitronat oder Orangeat so fein wie möglich hacken. Das Ei trennen und das Eiweiß mit Salz zu steifem Schnee schlagen.

KARTOFFELN, Zitronat oder Orangeat, Eigelb, Zucker, Vanillezucker, Backpulver, Grieß und Mehl zu einem glatten Teig verkneten. Zum Schluß den Eischnee einarbeiten.

BACKOFEN auf 225° vorheizen. Den Kartoffelteig auf einem gut bemehlten Brett etwa messerrückendick ausrollen und mit einem Ausstecher von etwa 3 cm Ø kleine Kekse in beliebiger Form ausstechen.

KEKSE nebeneinander auf ein mit Backpapier ausgelegtes Blech setzen und mit Milch dünn bestreichen. Im Ofen (Mitte; Umluft 200°) in 10–12 Min. goldgelb backen.

AM besten schmecken diese Kekse, wenn sie ganz frisch sind. Sie können sie aber auch zusammen mit 1 Stück Orangenschale in einer gut verschließbaren Dose 2 Wochen aufbewahren.

154

Knusperkekse

gelingt leicht • raffiniert

FÜR ETWA 32 STÜCK

100 g Halbfettbutter oder -margarine

85 g feine Haferflocken

135 g brauner Zucker · 1 Msp. Salz

1 TL Rübensirup oder Honig · 2 EL Mehl

1 Ei · 1 TL Vanillezucker

ZUBEREITUNGSZEIT: 50 MIN.

Pro Stück etwa:

1 g E/ 2 g F/ 7 g KH

45 kcal

BACKOFEN auf 225° vorheizen. Butter oder Margarine bei schwacher Hitze schmelzen lassen. Haferflocken hinzufügen und unter Rühren darin goldgelb bräunen.

HAFERFLOCKEN mit allen übrigen Zutaten gut vermischen. Ein Blech mit Backpapier auslegen. Im Abstand von 5 cm je 1 TL Teig darauf setzen. Die Knusperkekse im Ofen (Mitte; Umluft 200°) 5 Min. backen.

ANSCHLIESSEND auskühlen lassen und sofort in eine gut schließende Dose legen, nur so bleiben die Kekse knusprig.

155

Fruchtmakronen

auch für Weihnachten • vollwertig

FÜR ETWA 40 STÜCK

50 g Dinkel · 200 g Trockenfrüchte

50 g Sonnenblumenkerne · 50 g Mandelblättchen

35 g Roggenmehl Type 997 · 1/4 l fettarme Milch

200 g Honig · Backpapier

VORBEREITUNGSZEIT: 40 MIN.
BACKZEIT: 15 MIN. PRO BLECH

Pro Stück etwa:

1 g E/ 1,5 g F/ 9 g KH

55 kcal

DINKEL in reichlich kaltem Wasser 8 Std. einweichen. Anschließend abtropfen lassen.

FRÜCHTE klein würfeln. Sonnenblumenkerne ohne Fett rösten, mit Mandeln, Mehl und Dinkel vermischen. Backofen auf 180° vorheizen.

MILCH mit Honig aufkochen. Alle übrigen Zutaten hinzufügen, 5 Min. kochen lassen. Aus der Masse mit Teelöffeln Häufchen auf ein mit Backpapier ausgelegtes Backblech setzen. Im Ofen (Mitte; Umluft 160°) 15 Min. backen.

Gewürzstangen

für Gäste • zum Mitnehmen

FÜR 6 STÜCK

185 ml Buttermilch

1/4 Würfel frische Hefe (etwa 10 g)

1 TL Zucker

125 g Roggenmehl Type 997

125 g Weizenmehl Type 405

1/2 TL Salz

2 EL Öl

1 TL Fenchel- oder Anissamen

1 TL Kümmel

etwas Mehl zum Formen

2 EL Milch zum Bestreichen

Backpapier

**VORBEREITUNGSZEIT: 1 STD. 10 MIN.
BACKZEIT: 20 MIN.**

Pro Stück etwa:

4 g E/ 6 g F/ 30 g KH

195 kcal

BUTTERMILCH lauwarm werden lassen. Zerbröckelte Hefe und den Zucker hinzufügen und unter Rühren darin auflösen.

BEIDE Mehlsorten mit dem Salz mischen und in eine Rührschüssel sieben. Buttermilch-Hefe-Gemisch und das Öl hinzugeben und mit den Händen oder den Knethacken des Handrührers zu einem geschmeidigen Teig verarbeiten. Den Hefeteig zugedeckt an einem warmen Ort 30 Min. gehen lassen.

TEIG auf ein bemehltes Brett geben. Die Gewürze kräftig darunterkneten. 6 Stangen formen, an der Oberseite alle 3 cm etwa 1/2 cm tief schräg einschneiden. Stangen auf ein mit Backpapier ausgelegtes Backblech legen und 20 Min. gehen lassen. In der Zwischenzeit den Backofen auf 220° vorheizen.

GEWÜRZSTANGEN mit Milch bestreichen und im Ofen (2. Schiene von unten; Umluft 200°) zunächst 10 Min. backen, dann die Hitze auf 150° (Umluft 130°) reduzieren und das Gebäck in 10 Min. fertigbacken. Auf einen Kuchenrost legen, mit einem Küchentuch abdecken und auskühlen lassen.

SIE können die Gewürzstangen vor dem Backen noch zusätzlich mit Hagelsalz bestreuen. Dieses Gebäck ist eine würzige Beilage zu leichten Suppen und knackig frischen Salaten.

Käsestangen

würzig • gelingt leicht

FÜR 12 STÜCK

1/4 Würfel frische Hefe (etwa 10 g)

2 EL Milch

1 Ei

175 g Weizenmehl Type 1050

1/2 TL Salz

1/2 TL gemahlener Kümmel

50 g Butter oder Margarine

25 g frisch geriebener Gouda (30 % Fett i.Tr.)

etwas Mehl zum Ausrollen

je 1 TL Mohn, Sesam und Kümmel

Backpapier

VORBEREITUNGSZEIT: 1 STD.
BACKZEIT: 20–25 MIN.

Pro Stück etwa:

3 g E/ 4 g F/ 10 g KH

90 kcal

DIE zerbröckelte Hefe in der lauwarmen Milch auflösen. Das Ei mit 1 EL Wasser verquirlen und 1 EL dieser Mischung beiseite stellen.

MEHL, verquirltes Ei, Salz, Kümmel, Butter oder Margarine, Käse und die Hefemilch mit den Knethacken des Handrührgerätes zu einem glatten Teig verarbeiten. Zugedeckt an einem warmen Ort 30 Min. gehen lassen.

AUF einer bemehlten Arbeitsfläche den Teig zu 12 Rollen von 1 cm Dicke und etwa 12 cm Länge formen. Auf ein mit Backpapier ausgelegtes Blech legen und 10 Min. gehen lassen.

KÄSESTANGEN mit dem beiseitegestellten, übrigen verquirlten Ei bestreichen und mit den Gewürzen bestreuen, leicht andrücken.

BACKBLECH in die mittlere Schiene des kalten Backofens schieben und die Käsestangen bei 240° (Umluft 220°) 20–25 Min. backen, bis sie goldbraun sind.

KÄSESTANGEN sind die ideale Knabberei zu einem knackigen Salat oder einem Glas Wein.

Gewürz-Quarkrolle

läßt sich gut einfrieren • würzig

FÜR ETWA 15 SCHEIBEN

1/2 Würfel frische Hefe (etwa 20 g)

1 TL Zucker

1/8 l fettarme Milch

250 g Weizenmehl Type 1050

1 1/2 TL Salz

1/2 TL gemahlener Koriander

1/2 TL gemahlener Kreuzkümmel

30 g Halbfettbutter oder -margarine

200 g Magerquark

30 g gehackte Pistazienkerne

Saft und Schale von 1/2 unbehandelten Zitrone

etwas Mehl zum Ausrollen

2–3 EL Milch zum Bestreichen

Backpapier

VORBEREITUNGSZEIT: 1 STD.
BACKZEIT: 30 MIN.

Pro Scheibe etwa:

5 g E/ 2 g F/ 13 g KH

95 kcal

FÜR den Teig die zerbröckelte Hefe und den Zucker in lauwarmer Milch unter Rühren auflösen und 5 Min. gehen lassen.

IN der Zwischenzeit das Mehl in eine Schüssel sieben und mit 1/2 TL Salz, Koriander und Kreuzkümmel mischen. Butter oder Margarine in Flöckchen hinzufügen. Die Hefe-Milch dazugießen und alles mit den Knethacken des Handrührers in 5 Min. zu einem geschmeidigen Teig verarbeiten. Zugedeckt an einem warmen Ort 30 Min. gehen lassen, bis sich sein Volumen verdoppelt hat.

FÜR die Füllung den Quark mit 1 TL Salz, Pistazien, Zitronensaft und -schale glatt rühren. Den Backofen auf 200° vorheizen.

HEFETEIG mit den Händen kurz durchkneten und auf einer bemehlten Arbeitsfläche zu einem Rechteck von 30 x 40 cm ausrollen. Mit der Quarkfüllung bestreichen und locker aufrollen. Die Teigenden gut festdrücken.

QUARKROLLE auf ein mit Backpapier ausgelegtes Backblech setzen, zugedeckt 15 Min. gehen lassen. Anschließend mit Milch bestreichen und im Ofen (Mitte; Umluft 180°) in 30 Min. goldgelb backen. Falls nötig, gegen Ende der Backzeit abdecken.

Minipizzen

Klassiker auf raffinierte Art

FÜR 12 STÜCK

Für den Teig:

1/4 Würfel frische Hefe (etwa 10 g)

150 g Weizenmehl

2 EL Olivenöl

etwas Mehl für die Arbeitsfläche

Für den Belag:

1 kleine rote Paprikaschote

30 g Parmaschinken

30 g Putenschinken

2 blaue reife Feigen

4 große schwarze Oliven (ohne Stein)

12 TL Rotes Paprika-Sugo (Rezept Seite 82)

oder 12 TL Tomatenmark, mit Pfeffer gewürzt

VORBEREITUNGSZEIT: 50 MIN.

BACKZEIT: 15 MIN.

Pro Stück etwa:

2 g E/ 4 g F/10 g KH

85 kcal

FÜR den Teig die zerbröckelte Hefe in 60 ml lauwarmen Wasser auflösen. Mehl in eine Schüssel sieben. Öl und Hefewasser hinzufügen, alles zu einem glatten und geschmeidigen Teig verkneten. Zugedeckt an einem warmen Ort 15 Min. gehen lassen.

HEFETEIG auf einer bemehlten Arbeitsfläche von Hand nochmals durchkneten und weitere 30 Min. gehen lassen.

IN der Zwischenzeit für den Belag die Paprikaschote waschen, vierteln, entkernen und in feine Streifen schneiden. Beide Schinkensorten ebenfalls in feine Streifen schneiden. Feigen waschen, Feigen und Oliven in Scheiben schneiden. Den Backofen auf 220° vorheizen.

DEN Teig von Hand nochmals kurz durchkneten und 2 mm dünn ausrollen. 12 Pizzen von ca. 8 cm Ø ausstechen und nebeneinander auf ein mit Backpapier ausgelegtes Blech setzen.

PIZZEN mit je 1 TL Paprika-Sugo oder gewürztem Tomatenmark bestreichen und den Belag gleichmäßig darauf verteilen. Pizzen im Ofen (2. Schiene von oben; Umluft 200°) in 15 Min. knusprig backen.

SIE können den Belag nach Belieben variieren. Achten Sie nur darauf, fetten Käse zu vermeiden, sonst werden die Minipizzen schnell zu Kalorienbomben.

Möhrenbrot

würzig • raffiniert

ERGIBT 10 KLEINE SCHEIBEN

1 Möhre (etwa 100 g)

3 EL Zitronensaft

250 g Weizenmehl Type 1050

1/2 Päckchen Trockenhefe

1 Prise Salz

25 g Halbfettbutter oder -margarine

1 EL Honig

2 EL Rosinen

2 EL Milch zum Bestreichen

VORBEREITUNGSZEIT: 2 STD. 5 MIN.
BACKZEIT: 40 MIN.

Pro Scheibe etwa:

3 g E/ 1,5 g F/ 21 g KH

110 kcal

MÖHRE waschen, schälen, grob raspeln und sofort mit Zitronensaft vermischen.

AUS der geraspelten Möhre, 1/8 l Wasser und allen anderen Zutaten, bis auf die Milch, mit den Händen oder den Knethacken des Handrührers rasch einen geschmeidigen Teig kneten. Zugedeckt an einem warmen Ort 1 1/2 Stunden gehen lassen, bis sich sein Volumen ungefähr verdoppelt hat.

ANSCHLIESSEND den Teig nochmals kurz und kräftig durchkneten. Einen länglichen Laib daraus formen oder den Teig in eine beschichtete Kastenform (22 cm Länge) geben, weitere 20 Min. gehen lassen.

IN der Zwischenzeit den Backofen auf 220° vorheizen.

MÖHRENBROT mit Milch bestreichen und im Ofen (Mitte; Umluft 200°) 40 Min. backen. Falls nötig, gegen Ende der Backzeit mit Backpapier oder Alufolie abdecken. Das Möhrenbrot ist fertig, wenn es beim Beklopfen auf der Unterseite hohl klingt.

Wurzelwecken

Spezialität aus Österreich

FÜR 2 WECKEN

1/2 Würfel frische Hefe (etwa 20 g)

170 g Weizenmehl Type 1050

70 g Roggenmehl Type 997

1 TL Salz

1 TL Kümmel

1 TL Fenchelsamen

1 TL gemahlener Koriander

1 kleine Stange Lauch

1 kleine Möhre (50 g)

50 g Knollensellerie

50 g frisch geriebener Gouda (30 % Fett i. Tr.)

2 EL Weißwein

etwas Mehl zum Ausrollen

1 Eigelb zum Bestreichen

VORBEREITUNGSZEIT: 1 STD.
BACKZEIT: 25 MIN.

Pro Stück etwa:

24 g E/ 10 g F/ 85 KH

205 kcal

FÜR den Teig die zerbröckelte Hefe in 1/8 l lauwarmem Wasser auflösen. Beide Mehlsorten in eine Schüssel sieben. Das Hefewasser und die Gewürze dazugeben. Mit den Knethacken des Handrührers daraus einen weichen, geschmeidigen Teig herstellen. Bei Bedarf etwas Wasser hinzufügen. Den Teig zugedeckt an einem warmen Ort 30 Min. gehen lassen.

IN der Zwischenzeit für die Füllung das Gemüse waschen, putzen und in feine Streifen schneiden. Zusammen mit dem Käse in Weißwein bei schwacher Hitze unter Rühren 4–5 Min. dünsten, bis sich der Käse aufgelöst hat. Den Backofen auf 200° vorheizen.

HEFETEIG auf einer leicht bemehlten Arbeitsfläche zu zwei ovalen Platten von 1/2 cm Dicke und etwa 25 cm Länge ausrollen. Jeweils die Hälfte der Füllung in der Mitte verstreichen. Den Teig aufrollen, die Enden mit Wasser befeuchten und gut zusammendrücken. Die Wecken zugedeckt 10 Min. gehen lassen.

ANSCHLIESSEND mit Eigelb bestreichen und im Ofen (Mitte; Umluft 180°) in 25 Min. knusprig backen.

NOCH lauwarm sind die Wurzelwecken eine köstliche Beilage zu allen Salaten. Sie eignen sich auch gut zum Einfrieren.

Register

166

REIHE: LUST AUF VEGETARISCH
für alle die sich gern verwöhnen lassen wollen

ISBN 3-7742-4182-1
96 Seiten

ISBN 3-7742-2776-4
96 Seiten

ISBN 3-7742-2817-5
96 Seiten

ISBN 3-7742-2986-4
96 Seiten

Eine der genußvollsten Arten, sich gesund und fit zu essen. Diese Reihe zeigt, wie fantastisch vegetarische Küche schmecken kann. Mit stimmungsvollen Fotos und vielen praktischen Tips in den Umschlag- Klappen.

WEITERE LIEFERBARE TITEL:

➤ ASIEN VEGETARISCH

➤ AYURVEDA TYPGERECHT KOCHEN

➤ VEGETARISCHES AUS DEM BACKOFEN

➤ KORN & CO

➤ VEGETARISCHE MITTELMEERKÜCHE

➤ PIZZA, PASTA, POMODORE

Impressum

Abkürzungen:

TL = Teelöffel (gestrichen)
EL = Eßlöffel (gestrichen)
Msp.= Messerspitze
ml = Milliliter
Ø = Durchmesser
E = Eiweiß
F = Fett
KH = Kohlenhydrate
kcal = Kilokalorien

Die Temperaturen bei Gasherden variieren von Hersteller zu Hersteller. Welche Stufe Ihres Herdes der jeweils angegebenen Temperatur entspricht, entnehmen Sie bitte der Gebrauchsanweisung.

REDAKTION:
Ina Schröter
LEKTORAT:
Dipl. oec. troph.
Marlisa Szwillus
LAYOUT UND GESTALTUNG:
Claudia Fillmann,
independent,
Medien-Design
HERSTELLUNG:
Verena Römer
FOTOS:
FoodPhotography Eising
SATZ:
Layout & Grafik 1000 GmbH
REPRO:
Fotolito Longo
DRUCK UND BINDUNG:
Appl, Wemding

ISBN 3-7742-4177-5

AUFLAGE: 4. 3. 2. 1.
JAHR: 01 00 99 98

Doris Muliar

Als Autorin für Hörfunk, Fernsehen und Verlage schreibt sie schwerpunktmäßig zum Thema Gesundheit. Sie praktiziert die Ernährungsweise nach Dr. Fischer selbst, hat dadurch zwölf Kilo abgenommen und hält seitdem konstant ihr Gewicht. Alle Rezepte sind von ihr in enger Zusammenarbeit mit Ernährungsberatern entworfen und getestet worden.

Ein Dankeschön für die Unterstützung bei der Fotoproduktion:
LSA (London), Mercantile (München), Petra Fischer (München), IDC/Sompex (Meerbusch), Sia (Trier), WMF (Geislingen/Steige), Scof (F - Remy-sur-Durolle), Arzberg (Kirchenlamitz), ASA (Höhr-Grenzhausen), Habitat (Hamburg)

Die Fotografen
Susie M. und Pete A. Eising haben Studios in München und Kennebunkport, Maine (U.S.A.). Sie studierten an der Fachakademie für Photodesign in München. 1981 gründeten sie ihr eigenes Studio für Food Fotografie, das dank der gemeinsamen Passion für Eßkultur und kulinarische Ästhetik rasch internationales Renommée erwarb. Ihre Kenntnisse über fremde Küchen und Kulturen vertiefen Susie M. und Pete A. Eising auf zahlreichen Reisen, von denen sie immer wieder neue Eindrücke in die künstlerische Gestaltung ihrer Produktion einbringen.
Für dieses Buch:
Martina Görlach:
Fotografische Gestaltung
Monika Schuster:
Foodstyling

Titelfoto:
Papardelle mit Gemüsebändern (siehe Seite 74)